BUTCH/FEMME, MODE D'EMPLOI

Conception graphique de la couverture : Françoise Doll

Photographie de couverture : I.L.C.

Mise en page : Compavi

LESLEA NEWMAN

BUTCH/FEMME, MODE D'EMPLOI

Traduction de

CÉCILE DUMAS

KTM éditions

Titre original:
Out of the Closet and Nothing to Wear
Editeur original :
Alyson Publications, Los Angeles

20, rue Saint-Nicolas - 75012 Paris
ISBN 2-913066-07-0

Pour Flash

Remerciements

J'aimerais remercier Bill Mann et Surina Khan qui en 1993 m'ont proposé une chronique mensuelle dans *Metroline*. Ils sont autant responsables que moi de ce qui suit. Il est aussi indispensable de réprimander les rédacteurs en chef des publications suivantes : *The Advocate, Bay Windows, Chicago Outlines, Curve (anciennement Deneuve), Dinah, Front page, Frontiers, Gay People's Chronicle, Gayly Okalahoman, Identity, North View, In the Life, Lesbians on the Loose, Network, our Own Community News, Out Front, Q. Voice, Seattle Gay News, Sojourner, Southern Voice, Stonewall, Swagger and Sway, Texas Triangle, Valley Views, Voices, The Washington Blade,* et *Woman Voices.*

Ce serait pure négligence de ma part de ne pas remercier mes parent et ma famille de m'avoir appris l'autodérision, ainsi que la promotion 1973 de la Jericho High Scchool de m'avoir élue la fille la plus spirituelle de la classe, un honneur dont je suis toujours très fière.

Je voudrais exprimer ma reconnaissance aux personnes suivantes et à leurs rires qui me font le plus grand bien : Tim Duffy, Janet Feld, Tzivia Gover, Roger Brodsky, Jon Hirsh, Judy O'Brien, Marilyn Silberglied-Stewart, Susanna Stein, Mary Vasquez, Susan Waldman, Jess Wells et Faye et Bucky Wilson.

Enfin, je voudrais remercier notre cher disparu Victor D'Lugin, dont le rire généreux restera toujours dans mon cœur.

Le geste de ma mère

Samedi matin, Flash et moi sommes depuis un certain temps dans la salle de bains, respectivement occupées à déboucher la baignoire et à mettre du mascara, quand le facteur sonne à la porte avec une lettre recommandée. En vérité, ni l'une ni l'autre n'avons envie de signer le reçu. Quelque chose nous dit que ce n'est pas Ed McMahon qui nous annonce notre victoire au grand jeu des Éditions American Family. C'est notre propriétaire qui nous fait part de son divorce prochain et de sa certitude à pouvoir recoller son cœur en miettes en s'installant dans notre appartement.

— C'est bizarre, dis-je à Flash en ressassant la lettre. Pourquoi un hétéro voudrait-il vivre avec deux lesbiennes après le départ de sa femme ?

— Chérie, (elle prend des gants pour m'annoncer la nouvelle) il veut que nous déménagions.

— Déménager ? Les bras m'en tombent. Mais quand ?

Elle me lit les termes :

— Dans soixante jours.

Flash et moi réagissons différemment à notre avis d'expulsion. Elle met aussitôt en alerte tous les magasins de vins et de spiritueux de Lesbianville pour réserver des cartons. J'appelle aussitôt ma mère. Je ne sais pas pourquoi. Sans doute pour me faire plaindre. Après tout, nous n'avons rien à nous reprocher ; le mariage de notre propriétaire se casse la figure et voilà qu'on nous force à déménager. Et pour moi, être mise à la porte de cet appartement qui sort de l'ordinaire est un choc plus traumatisant que je ne l'aurais cru.

— Mais c'est chez nous ici. (Je pleurniche comme une gamine de cinq ans.) Je veux ma maman !

Le problème, c'est que je n'ai pas de maman. J'ai une mère. Une maman vous donne du lait et des cookies, vous cajole quand vous souffrez, vous remonte le moral avec un doux sourire. Une mère est pétrie de bonnes intentions mais rate souvent le coche avec des phrases du genre : « Tu as toujours ta chambre ici si tu en as besoin » balayant d'un geste de la main les vingt années écoulées depuis mon départ.

Ma mère se réjouit de notre déménagement. Pour elle, cette situation n'a rien d'anormal, elle ne se produit pas que chez les lesbiennes. C'est un sujet de discussion possible. Mieux encore, cette circonstance lui donne l'occasion de me prodiguer des conseils. Peu importe qu'elle n'ait jamais déménagé en trente-quatre ans, depuis la grande migration juive familiale de Brooklyn à Long Island, et peu importe que j'aie habité, comme toute goudou qui se respecte, dans quarante-trois appartements différents depuis 1985. C'est *elle* l'experte.

— As-tu regardé dans le journal ? me demande-t-elle, en me prenant pour une idiote.

— Oui j'ai regardé dans le journal !

— Et si tu contactais un agent immobilier ?

— Maman, on doit débourser deux loyers, une caution, et payer l'entreprise de déménagement. On ne peut pas s'offrir les services d'un agent immobilier !

Elle n'attendait que cette ouverture :

— Tu ne trouveras jamais rien de convenable sans un agent immobilier. Les beaux appartements ne sont pas dans le journal.

— Mais tu ne viens pas de me dire de regarder dans le journal ?

— Oh, bien sûr tu peux. Mais n'espère pas y trouver quoi que ce soit !

Les semaines passent tandis que Flash et moi nous traînons à travers Lesbianville à la recherche d'un appartement convenable. À la vue du premier, Flash s'exclame « quel taudis ! » en imitant le mouvement de hanches de Bette Davis. Au trente-septième, ce n'est absolument plus drôle. Quel que soit l'appartement visité, il a un inconvénient majeur. Il n'y a pas assez de pièces. Il y a assez de pièces, mais elles sont trop petites. Il y a assez de pièces, elles ne sont pas trop petites mais il manque des placards. Il y a assez de pièces, elles ne sont pas trop petites, il y a des tonnes de placards mais le chauffage est électrique et il manque un jardin pour les chats.

Nous parvenons quand même à visiter un appartement à notre convenance avec suffisamment de pièces aux bonnes dimensions, des tonnes de placards, une chaudière à gaz et un grand jardin ensoleillé. Le problème, c'est qu'il est situé dans un quartier sensible. Un quartier vraiment sensible. Ma psy habite juste à deux pas. Je préfèrerais, sans hésitation, retourner vivre chez ma mère.

Au bout d'un mois, Flash et moi trouvons finalement un appartement. Pas un appartement quelconque. Un appartement de rêve, avec six pièces, du parquet, des fenêtres en chêne, des portes-fenêtres, deux porches et un jardin. Tout cela, et sans passer par une agence ! J'appelle ma mère, sûre de mon effet.

— Comment l'as-tu trouvé ?

C'est la première question qu'elle pose.

Comment l'avons-nous trouvé ? Flash est allée se promener un soir après dîner et elle a rencontré la batteuse de son équipe de softball qui avait entendu dire par son acuponcteuse qui avait entendu dire par une de ses clientes que la psy de la meilleure amie de la chiropracteuse de la coiffeuse de son ex-amante avait un appartement à louer. Autrement dit, nous l'avons su par le téléphone arabe... lesbien. Ma mère pourrait-elle comprendre ça ? Rien n'est moins sûr. Je décide de simplifier. « Bouche-à-oreille ». De cette façon, elle peut avoir le dernier mot.

— Je t'avais bien dit de ne pas regarder dans le journal. Alors, qui avait encore raison ?

Le jour du déménagement approchant, ma mère se répand en recommandations.

— Commence par emballer la vaisselle.

— Pourquoi ?

— Parce que c'est plus facile.

Je la laisse dire car je n'ai plus une minute à perdre dans une telle discussion.

Remplir les cartons s'avère un travail à plein temps. Nous en avons déjà empilé quarante-sept dans notre chambre et ceux-là ne contiennent que mes chaussures. Mais nous venons à bout de nos travaux d'Hercule et les déménageurs sont bientôt là pour débarrasser la place. Malheureusement, ils ne sont payés que pour transporter et pas pour nous aider à déballer. Je m'évertue donc à répartir les choses pendant que Flash s'occupe de mettre l'électricité et le gaz en route, de faire suivre le courrier et de rebrancher le téléphone. Et qui nous donne le premier coup de fil ? Ma mère, naturellement !

L'objet de son appel n'est pas sans me surprendre.

— Qu'est-ce que je peux vous offrir pour votre crémaillère ?

— Maman, ne te sens pas obligée de nous offrir quelque chose !

— Je ne me sens pas *obligée,* dit-elle, je *veux* vous offrir quelque chose, c'est tout.

— Mais ce n'est pas comme si on avait acheté une maison, dis-je en me demandant pourquoi je discute avec elle, c'est juste un appartement de plus.

— C'est votre premier appartement ensemble, rétorque-t-elle.

Je suis surprise qu'elle sache cela. C'est vrai, notre appartement précédent était celui de Flash avant que je m'installe avec elle. Auparavant nous vivions toutes les deux seules. Ce nouvel appartement est le premier que nous avons cherché et investi ensemble. Il n'en est que plus important.

— Ok. Que dirais-tu d'un lave-linge ?

Je blague, bien entendu.

— D'accord.

— C'était une blague, maman, dis-je éberluée.

— Une blague ? demande-t-elle. Il vous en faut un ou pas ?

— Je ne sais pas. Oui, j'imagine.

— Parfait !

L'incrédulité me donne des ailes.

— On peut avoir un sèche-linge aussi ?

Elle réfléchit un instant.

— Le lave-linge, c'est pour votre crémaillère, le sèche-linge, c'est pour *Hanoukka.*

Je n'en crois pas mes oreilles. Jusqu'à présent ma mère n'avait jamais donné à notre couple l'ombre d'une bénédiction. Quand je lui ai fait l'aveu de mon homosexualité, cette femme n'y a vu qu'égoïsme, égotisme, égocentrisme. Elle était convaincue que je subissais l'influence des autres parce que je n'étais pas capable d'avoir mes propres pensées. J'entends encore ses mots : « Tu as toujours été un mouton. S'ils avaient décidé de défiler dans la Cinquième avenue, nus comme des vers avec des poêles sur la tête, tu aurais été en première ligne ». Elle n'a jamais perdu l'espoir qu'un jour je reviendrais dans ma chambre d'enfant et m'endormirais, encore vierge, dans mon petit lit en attendant que le Prince Charmant vienne me séduire. C'est cette même femme aujourd'hui qui propose d'offrir à sa fille unique et à son amante un lave-linge et un sèche-linge, afin que leurs maillots de corps et soutiens-gorge, leurs chemises et chemisiers, leurs pantalons et collants soient lavés et essorés ensemble, toute l'année durant, jusqu'à la fin des temps.

Certes, j'ai dû subir un cours sur les différents cycles d'essorage, les dosages de Javel, la fragilité des tambours et tout ce qui s'ensuit. Certes, j'ai dû aller chez *Spears,* choisir les machines que je voulais, relever les références et rappeler.

— Comment va le lave-linge ? me demande-t-elle.

Je réponds :

— Très bien.

Comment pourrait-il en être autrement ?

— Et comment va le sèche-linge ?

— Très bien.

Je suis tentée de lui dire qu'il a eu un léger rhume la semaine dernière mais je préfère me raviser.

— Il sèche ?

— Il sèche.

— Est-ce que vous utilisez de l'adoucissant ?

Tandis que je l'écoute me conseiller sur les lessives — après tout, elle est femme au foyer depuis quarante ans —, une pensée me vient à l'esprit : *Tu en as fait du chemin, maman. Merci beaucoup.*

Esclaves de l'amour

Flash et moi sommes allongées dos-à-dos, collées sur toute notre longueur, comme des serre-livres. Je murmure « Bonne nuit » dans l'obscurité.

— Un petit bisou ? demande mon amoureuse.

Je me retourne pour donner un tendre baiser à ses lèvres et me retrouve avec la bouche remplie de poils de chatte. Ne t'excite pas, chère lectrice, ce n'est pas ce que tu penses ! Un de nos chats est lové dans le cou de Flash avec l'intention d'y passer la nuit. Ce qu'elle fera probablement, car Flash et moi sommes des esclaves de l'amour. Mais pas l'une envers l'autre, malheureusement. L'une et l'autre envers nos chats.

Comment en sommes-nous arrivées là ? Je me pose cette question en général vers 3 heures du matin quand je ne réussis pas à dormir parce que les chats se sont confortablement étalés sur les couvertures et que je me pelotonne contre Flash au bord du lit. Nous sommes pourtant deux femmes de tête. Nous avons choisi de ne pas avoir d'enfants pour garder notre précieuse indépendance. Nous nous plaisons à croire que nous allons et venons comme bon nous semble. Pourtant, s'il faut regarder la vérité en face, nous sommes bel et bien sous le joug de nos chats.

Bien sûr, ce ne sont en aucune manière des chats ordinaires. Ma chatte est une femme fatale, âgée de quatorze ans, répondant au nom de Couscous Kerouac — je traversais une phase poético-végétarienne lorsque je l'ai baptisée. Je suis tombée sur elle dans un centre commercial à Boulder, dans le Colorado, où j'habitais à l'époque. Un gosse se tenait derrière un carton de chatons, avec sa mère derrière lui à crier d'une voix perçante « Je te jure que je vais les noyer, je te le jure devant Dieu ! »

On pourrait penser que Couscous me serait à jamais redevable de l'avoir sauvée de son terrible destin au fond du fleuve Colorado. Mais non. Couscous est une chipie. Elle est très très jolie — elle en est consciente —, ce qui incite les gens à vouloir la caresser. Grossière erreur ! Mademoiselle doit être d'humeur et son humeur change aussi vite que la mienne quand je vais avoir mes règles. Son ronronnement peut se transformer en grognement en deux temps trois mouvements, et en général, la morsure ne tarde pas à suivre.

Flash et moi nous mettons donc en quatre pour lui plaire.

— Couscous tu veux te coucher sur cette serviette ? lui demande Flash en étalant sur le sol de la cuisine ma plus belle serviette de bain achetée chez *Bloomingdale*. Elle sort du sèche-linge et elle est toute chaude !

À chaque fois que Flash ou moi parvenons à la retenir plus de deux minutes sur nos genoux, nous jubilons :

— Tu vois, c'est moi qu'elle aime !

J'ai récemment offert à Couscous un collier de velours noir, incrusté de pierres fantaisie, qu'elle me laisse attacher autour de son cou à l'occasion. J'ai tenté de la convaincre de conduire un atelier intitulé : « Comment être une *femme* dominante : approche féline », mais elle a refusé — « Dieu merci, s'est écriée Flash. Tu n'as plus besoin de rallier quiconque à ta cause ».

PC, notre second chat, apporte un sens nouveau au mot *mollesse*. Vous pourriez l'attraper par la queue et le faire tournoyer au-dessus de votre tête que son ronronnement ne s'arrêterait pas pour autant. PC appartient à Flash. En fait, PC, qui ne signifie pas Personal Computer, ni Politiquement Correct mais Pussy Cat, était à l'origine le chat de l'ex de Flash qui habitait au troisième étage du même immeuble. Un jour PC en a eu assez de grimper les trois étages et il s'est installé dans l'appartement du premier, celui de Flash. Quand l'ex a déménagé, sans trop s'attarder pour prendre congé de Flash et de PC, le chat n'a pas suivi.

Je les ai trouvés tous les deux des années plus tard, formant un couple de célibataires endurcis et satisfaits, vivant selon les fiches-conseils de Dinty Moore et du guide du hamburger. Couscous et moi avons emménagé dans leur garçonnière pour former une grande et heureuse famille. Enfin presque. Au début il y a eu des coups de griffes, des coups de dents, des coups de gueule dans l'apprentissage de la vie de couple entre Flash et moi. De plus, nos chats nous causaient du souci. Le vétérinaire nous a conseillé, en cas de bagarre, de les asperger avec le même parfum pour neutraliser leur odeur respective.

— Partager mon Chanel ? ai-je protesté. Tu rigoles ou quoi ?

Heureusement, les chats ont décidé assez vite de s'ignorer et ainsi ils se supportent. Comme je l'ai déjà indiqué, ces chats ne sont pas ordinaires du tout.

L'aspect le plus remarquable chez PC est son âge canonique. Il a vingt-et-un ans. Vingt-et-une années d'*humain*. En années de chat, ça le fait aussi vieux que Quentin Crisp et Mère Teresa réunis. On a vraiment eu peur quand il n'avait que dix-sept ans. Le vétérinaire a découvert que ses reins étaient en cessation d'activité. Il nous a recommandé une nourriture pour chat particulière, pauvre en protéines, qu'il pouvait nous vendre, comme par hasard, au prix de deux dollars la boîte. Flash et moi en avons ramené un carton à la maison et naturellement, PC n'en a pas voulu.

— Viens voir, PC, disait Flash en prenant une cuillère de cette nouvelle nourriture pour la porter à cette bouche que j'aimais embrasser jusqu'alors. Miam-miam. Allez, chaton. Goûte comme c'est bon !

PC et moi l'avons regardée, interloquées. Avait-elle perdu l'esprit ? Elle a fini par s'avouer vaincue.

J'ai appelé le vétérinaire pour lui soutirer des conseils... et pour voir si je pouvais être remboursée.

— Passez-la à la poêle. Il va adorer !

À la poêle ? C'est un peu gênant de le reconnaître mais en effet, je me suis retrouvée derrière les fourneaux, spatule en main, à faire revenir une lichette de boulettes allégées parfumées au poulet dans de la matière grasse polyinsaturée.

— Hummm, qu'est-ce qu'on mange, ce soir ? a demandé Flash en entrant dans la cuisine. Ça sent rudement bon !

Bien entendu, PC ne se faisait pas rouler aussi facilement. J'ai rappelé le véto.

— Versez du bouillon de poulet dessus, m'a-t-il conseillé.

Je suis sortie pour acheter un poulet. Cette fois, c'est sur ses gardes que Flash est entrée dans la cuisine.

— Du poulet à l'eau ? Tu as encore des problèmes avec ta vésicule ?

PC n'a pas voulu non plus manger ses boulettes allégées trempées dans le bouillon, mais il a beaucoup apprécié les deux ailes et une cuisse du poulet.

Finalement, nous avons décidé de revenir à sa nourriture préférée, jugeant que son bien-être prévalait sur sa longévité. Je pense qu'il est d'accord car quatre années plus tard, il est toujours aussi vaillant. Selon Flash, il vit d'amour, et je la rejoins sur ce point. Je veux dire, on ne trouve pas beaucoup de chats dont le propriétaire traîne le fauteuil fétiche de pièce en pièce, à longueur de journée, pour le placer sous la fenêtre par laquelle le soleil perce — et tant pis si ce fauteuil était mon préféré. Peu de chats ont un propriétaire qui se contorsionne dans son sommeil parce que l'animal prend les trois quarts de l'oreiller — « Comment arrivez-vous à vous démonter le cou de cette façon ? » me demande mon chiropracteur. Et combien de propriétaires de chats vont interrompre un gros câlin — ou *felinus interruptus* — pour se précipiter dehors entièrement nus parce que leur minou adoré gémit au sommet d'un arbre ? Pas beaucoup.

Pourquoi supportons-nous cela ? Flash, qui est devenue zen récemment pense que les chats ont des choses à nous enseigner. J'en ai justement appris une l'autre jour quand je suis rentrée à la maison après une tournée littéraire de trois semaines. Je me sentais très fière de moi : mon travail avait suscité l'enthousiasme chez le public, on m'avait invitée dans de bons restaurants, on m'avait adulée. J'allais sûrement devenir riche et célèbre d'une minute à l'autre. Alors pourquoi ma famille n'était-elle pas à la maison pour accueillir la star montante ? Où étaient les fleurs, les ballons de baudruche, le champagne ? Flash était au travail et les chats invisibles.

En guise d'accueil sur le perron, j'ai découvert une flaque de vomi de chat : la revanche boulimique de Couscous. J'ai nettoyé puis me suis dirigée droit vers la litière qui de toute évidence avait besoin d'être changée. *Recevoir une standing ovation et l'instant suivant, se retrouver à genoux à ramasser la merde,* ai-je pensé. Était-ce là la leçon du jour ?

Non, pas tout à fait. Tandis que je couvrais le fond de la caisse avec du papier journal, je suis tombée sur un gros titre : « *HEATHER A DEUX MAMANS* » *PROVOQUE LA TROISIÈME GUERRE MONDIALE.* Et juste au-dessous, la photo de l'auteure souriante, disparaissant sous des montagnes de litière pour chat. Dans la seconde suivante, Couscous s'est accroupie sur ma photo pour faire son pipi. Je ne suis pas certaine d'avoir compris le sens de cette leçon, mais je dois sûrement l'avoir méritée.

Teindre ou craindre

— Dis donc, Flash, c'est un cheveu blanc ça ? J'interroge ma chérie en tenant l'objet du doute entre mes doigts.

— Non.

— Tu en es sûre ?

— Oui, j'en suis sûre. Il n'est pas blanc. Il est argenté.

C'était hier. Aujourd'hui, ma bien-aimée à peine rentrée du travail, je la coince à nouveau.

— Eh Flash, dis-je en virevoltant devant elle, tu ne remarques rien de changé ?

— Voyons voir. Tu as de nouvelles chaussures.

— Non.

C'est une bonne intuition, car un de mes principes est « un jour sans nouvelles chaussures, c'est comme un jour sans soleil. »

— Encore un essai.

— Tu t'es fait faire les ongles.

— Non. Plus haut.

Flash lève les yeux.

— Tu t'es fait couper les cheveux.

— Presque mais non. Je les ai teints.

— Tu les as teints ?

C'est un choc pour elle car je lui avais juré de ne

jamais m'abaisser à ça. Pire, j'ai affirmé à ma mère que je ne m'abaisserais jamais à ça. Mais aujourd'hui, c'est un fait : j'ai les cheveux teints.

Lorsqu'une vague de gris a commencé à poindre sur un côté, j'ai tenté de me convaincre que cela me donnait un air d'intellectuelle à la mode, genre Susan Sontag, ou un air très cool, genre Bonnie Raitt. En réalité, je ressemblais plutôt à Cruella d'Enfer et cela ne me plaisait pas du tout.

Je me suis donc rendue dans un « salon de beauté », ainsi que certaines quadragénaires, dont je suis, le nomment encore. Assise là, dans un drapé de plastique vert, les cheveux plaqués en arrière, imprégnés d'une substance noire et luisante, je ressemblais trait pour trait à ma mère. Elle aurait donné n'importe quoi, j'en suis sûre, pour être dans le fauteuil voisin à agiter un ongle rouge dans ma direction en m'assénant un : « Je te l'avais bien dit. »

Je n'ai aucune idée de l'âge qu'avait ma mère quand elle a commencé à se teindre les cheveux — ou à « les raviver un peu » selon ses termes. Elle a toujours eu les cheveux bruns, comme sa mère avant elle, morte à l'âge respectable de 99 ans sans une seule mèche blanche. À l'époque, je lui disais, du haut de mon adolescence :

— Tu ne devrais pas te teindre les cheveux. Les cheveux blancs, c'est naturel. Comme les rides. Elles donnent du caractère à ton visage.

— Attends d'avoir mon âge, répondait ma mère en se plâtrant les joues avec une couche de Noxema.

J'ai donc vécu avec des cheveux blancs pendant un certain temps. J'ai essayé de les accepter. J'ai vraiment essayé. Je leur ai dédié des poèmes d'amour. Je les ai dessinés. J'ai fait des déclarations officielles à leur sujet. Pourtant, chaque fois que j'en découvrais un dans ma brosse, fraîchement arraché à mon crâne, j'étais aux anges. Je lui souhaitais « bon débarras » et l'enterrais dans ma poubelle.

Mes cheveux blancs et moi nous sommes tolérés mutuellement pendant quelques mois jusqu'à ce qu'un événement radical se produise. Les vingtièmes retrouvailles des anciens élèves de mon lycée se sont annoncées, provoquant ma ruée sur le flacon de colorant. Et je rends grâce à Dieu de l'avoir fait. Une seule camarade de classe s'est montrée avec une chevelure poivre et sel et, croyez-moi, on s'est moqué d'elle sans retenue.

En ce qui me concerne, j'ai mis un point d'honneur à me rendre superbe. En plus de ma nouvelle chevelure, je me suis fait peindre les ongles rouge sang et me suis comprimée dans une robe de velours noir, coupée largement au-dessus des genoux et retenue par de fines bretelles incrustées de pierres fantaisie. J'ai complété mon ensemble par des collants aux coutures apparentes et des talons de 10 cm. Depuis mes années de lycée à New York, où *Heather a deux mamans* a causé une petite révolution, je pensais que toute la promotion de 1973 savait que j'étais lesbienne. Donc, puisque j'étais sortie du placard, j'ai voulu aussi en sortir ma plus étincelante parure. Qui oserait dire qu'une goudou ne sait pas se rendre superbe ?

Flash n'était pas vraiment d'avis de me laisser endosser ça toute seule.

— Tu veux que je t'accompagne ?

J'ai refusé son offre.

— Je t'aime. Pourquoi voudrais-je te torturer ? À moins que tu n'aies réellement envie de passer plusieurs heures dans une pièce remplie d'hétéros avec lesquels tu n'as rien en commun.

Cette fois, ce fut au tour de Flash de refuser. C'est ainsi que je suis allée à la fête avec Jeremy — Jerry — Fleish, un autre élève homo, qui est un ami très proche depuis vingt-cinq ans — maintenant, je ne peux plus cacher mon âge. Comme nous habitons tous les deux dans le Massachusetts — Jeremy à Boston, moi à Lesbianville — et que nous sommes arrivés ensemble, tous les camarades de classe ont cru que nous étions mariés.

— Oui, nous sommes mariés, ai-je dit.

— Mais pas l'un avec l'autre, a ajouté Jeremy.

— Et pas comme vous le croyez, ai-je renchéri.

— Mais nous sommes très très heureux, a conclu Jeremy.

Edward — Eddie — Appelbaum était ravi de nous voir :

— Bonjour les Pétunias !

J'en ai profité pour le couronner reine de la soirée avec une tasse et une soucoupe — les tiares étaient rares dans l'assistance. Eddie était une véritable langue de vipère.

— Question ravalement, elle bat largement Michael Jackson, a-t-il dit en montrant une femme vêtue d'une combinaison moulante.

Il a désigné quelqu'un d'autre.

— Comment trouvez-vous Andrea Herschberg en rousse ? Je parie que son sac n'est pas dans les tons.

Quand j'ai appelé Eddie le lendemain des retrouvailles, il rapportait déjà tous les ragots de la veille.

— Tout le monde t'a trouvée superbe. Ils n'en sont pas encore revenus.

J'ai décidé de considérer ça comme un vrai compliment.

Une semaine après cet événement, des collègues de Flash sont venues dîner à la maison.

— Tes cheveux ont des reflets bruns magnifiques, a dit l'une d'elles en touchant le symbole de ma récente fierté. Est-ce que tu les teins ?

— Oh non, ai-je répondu en évitant d'un bond le verre de bière que Flash venait de laisser tomber.

J'ai fui son regard pendant que je l'aidais à nettoyer les dégâts.

Les invitées parties, je n'ai pas pu échapper à Flash.

— Se teindre les cheveux, c'est une chose. Mais mentir à ce sujet en est une autre.

— Je ne me teins pas les cheveux, ai-je tenté d'expliquer, je les ravive un peu.

Les yeux sombres de Flash ont lancé des éclairs. Je l'ai suppliée de me comprendre :

— Je l'ai fait seulement une fois. Si elle avait demandé : « Est-ce que tu *t'es* teint les cheveux ? », j'aurais répondu oui. Mais elle a demandé : « Est-ce que tu *te* teins les cheveux ? » ce qui signifie « est-ce une habitude ? ». Tu sais bien que je suis très littérale, et je ne suis pas certaine de vouloir le refaire…

Ça n'avait pas l'air de la convaincre, j'ai donc changé de tactique :

— Elle a été impolie ! me suis-je écriée avec indignation. Tout le monde sait qu'on ne questionne jamais une dame sur son âge, son poids ou ses cheveux !

Flash a secoué sa tête à la forme parfaite qui, à propos, est couverte d'une épaisse chevelure noire ondulée, où apparaissent de nombreux et glorieux fils d'argent. Elle n'a pas l'intention de se teindre les cheveux, mais là encore, Flash a douze ans de plus que moi et elle a déjà traversé sa crise de la quarantaine — quelle chance pour elle de devoir à présent traverser la mienne ! Mon désir de rester jeune à tout prix n'a pas déteint sur elle. Elle est plus âgée et plus sage. J'espère un jour qu'elle déteindra sur moi.

Problème en tandem

— Les poubelles, Flash !

Je rappelle à ma bien-aimée que nous sommes dimanche soir et qu'il est temps de sortir les poubelles sur le trottoir.

— Une minute ! grogne-t-elle tandis que le vaisseau *Entreprise* grossit sur l'écran de la télé.

Dix minutes plus tard je me plante devant la télévision, masquant le décolleté du conseiller commandeur Troi à la vue de Flash, pour lui rafraîchir la mémoire.

— Pendant les prochaines pubs, promet-elle.

Pourquoi, me demanderez-vous, ne sortirais-je pas les poubelles moi-même ? Après tout, les sacs ne sont pas si lourds. Le problème n'est pas là. Le problème est : la corvée des poubelles est un boulot de *butch*.

Oui, Flash et moi sommes un couple *butch/femme* certifié, authentifié, pur sucre. Contrairement à la croyance populaire, la répartition *butch/femme* n'a pas disparu en même temps que les coupes de cheveux façon choucroute des années 50. Nous n'avons pas changé notre manière de vivre, seulement notre manière de nous coiffer — Dieu merci. La répartition *butch/femme* est toujours autant d'actualité dans les années 90, au moins dans cette maisonnée. Seulement, ici, c'est plutôt *femme/butch* qu'il faut dire. Ce n'est pas parce que Flash porte la culotte au sein de cette famille qu'elle a toujours le dessus.

Alors quel est le sens exact de cette répartition ? Qu'est-ce qui me rend *femme* et Flash *butch ?* Est-ce le fait que, contrairement à Flash, on ne m'ait pas une seule fois dans ma vie appelée « Monsieur » ? Est-ce parce que, contrairement à moi, Flash n'a pas mis de robe depuis 1967, année où elle a abandonné ses habits de nonne ? Est-ce le fait que, chaque fois qu'une goudou de Lesbianville a un entretien d'embauche ou une cérémonie familiale, celle-ci se précipite droit sur mon placard pour choisir une paire de talons hauts et me supplie de lui apprendre à marcher ? Est-ce parce que chaque fois que Flash et moi sortons en boîte, elle me conduit autour de la piste de danse avec la même assurance tranquille que lorsqu'elle conduit notre voiture dans la circulation de New York ?

Tout ce que je viens de mentionner est vrai, mais ce ne sont pas les raisons pour lesquelles je suis une *femme* et Flash une *butch*. C'est quelque chose d'inné. Selon la légende familiale, j'ai surgi de l'utérus de ma mère, je l'ai regardée et j'ai prononcé les mots : « Tu as du mascara ? » La petite Flash, elle, était un véritable garçon manqué, bardée de trous au pantalon et de grenouilles dans les poches. Je suis ravie d'avoir rencontré Flash qui apprécie véritablement la *femme* que je suis, contrairement à mon ex-petite amie qui m'interdisait de porter des talons hauts — excepté au lit. Flash est la *butch* de ma vie.

Six ans auparavant, alors qu'elle était célibataire, Flash a fait remarquer à une de ses amies :

— Je ne trouverai jamais de copine. La seule *femme* qui reste à Lesbianville est Lesléa Newman.

Quand j'ai entendu cette histoire, j'ai su que j'épouserais Flash.

Bien sûr, vous pouvez être une *femme* sans *butch* ou une *butch* sans *femme,* mais cela n'a rien de comparable. Vivre ensemble nous permet de donner le meilleur de nous-mêmes. Dès que nous avons commencé à nous fréquenter, elle s'est fait couper les cheveux presque ras ainsi qu'elle l'avait toujours souhaité, et je me suis mise à porter des jupes plus courtes et des talons plus hauts. Nous avons revêtu notre plus beau plumage pour notre danse nuptiale spéciale *butch/femme*. Et à notre mariage, la question ne s'est pas posée de savoir laquelle des deux serait habillée en robe et laquelle serait en pantalon. Comme ils disent dans *Gouine Glamour* : « la *femme* est la photo, la *butch* est le cadre ».

Évidemment certaines lesbiennes pensent que la répartition *butch/femme* est, au pire, politiquement correcte et, au mieux, complètement démodée. J'ai pitié de ces filles qui passent des annonces dans *La Gazette de Lesbianville,* à la recherche d'une femme en ces termes : « Masculine, s'abstenir ». Au début, je croyais qu'elles voulaient dire « gent masculine, s'abstenir », ce que je comprends tout à fait. Mais quand j'ai vraiment saisi la teneur du message, je n'en suis pas revenue. Ne comprenez-vous pas ce que vous ratez ? Ne savez-vous pas qu'une véritable *butch* fera *n'importe quoi,* et je dis bien n'importe quoi pour satisfaire sa *femme* ?

La première fois que j'ai lu une annonce avec « masculine, s'abstenir », j'ai été soulagée. Au moins je pouvais cesser de redouter qu'une jeune *lipstick lesbian* n'entreprenne de me voler ma copine. Après tout, les bonnes *butches* se font rares.

Mais après, cette pratique m'a mise en rogne. Comment certaines osent-elles sous-estimer nos chères *butches* après tout ce qu'elles ont fait pour nous ? Parce que, même si nous les *femmes* devons supporter la drague permanente des hommes hétéros — Flash adore savoir qu'ils ont envie de moi et qu'ils ne pourront jamais m'avoir —, c'est bel et bien ma *butch* qui prend des risques simplement en passant le pas de notre porte dans un pantalon fraîchement repassé, un tee-shirt noir dessinant ses muscles, ses cheveux noirs coupés courts où pas une mèche ne dépasse. Et quand elle et moi sortons ensemble, le problème se pose en tandem. De toute évidence, une relation plus ou moins intime nous lie, même si les gens ne savent pas toujours sur quel pied danser. Nous ne nous ressemblons pas assez pour être sœurs, Flash n'a que 12 ans de plus que moi, elle ne peut donc pas être ma mère. Chaque fois que nous allons au restaurant, les serveurs bafouillent. Ils lancent parfois un « Avez-vous choisi, Mesdames ? », bien que Flash n'ait pas franchement l'allure d'une dame. En d'autres occasions ils tentent un « Que désirez-vous prendre, Messieurs Dames ? » même si, je l'atteste, Flash n'a rien d'un monsieur. Mais si on me demandait conseil, je ne sais pas ce que je leur suggérerais. « Une table pour deux lesbiennes ? » ne sonne pas très juste. Ni même « Un dessert pour finir, les goudous ? »

Pour contourner le problème, nous dînons souvent à la maison, ce qui signifie que nous avons beaucoup de déchets à jeter. Et voilà qu'il est 20 h 30 et le conseiller commandeur Troi est étendue de tout son long à l'infirmerie avec le ravissant Dr Crusher sur le point de l'examiner. Il serait cruel de déranger Flash dans un moment pareil. Et c'est ainsi que je décide, juste pour cette fois, de m'occuper des ordures moi-même.

À peine revenue dans la maison, j'entends la sonnerie du téléphone. Je décroche, évidemment car, comme la plupart des *femmes,* je suis née avec un combiné collé à l'oreille. Au bout du fil, mon amie Mitzi, notre voisine, est horrifiée :

— Lesléa, c'est bien *toi* qui sortais les poubelles ?

Je dois l'admettre à contrecœur :

— Oui. Flash est plongée dans un de ses épisodes préférés de *Star Trek* et je l'ai déchargée de sa corvée. Mais juste pour cette fois.

— Ça me rassure. J'ai regardé par la fenêtre, je t'ai vue et toute ma théorie sur les *butch/femme* s'est effondrée d'un seul coup !

Je m'adresse à présent au monde entier : ne vous inquiétez pas, les *butches* et les *femmes* ne sont pas près de disparaître.

À la rencontre de Moïse

Mes parents, qui habitent à New York, rendent visite à mon grand frère, qui est installé à Miami Beach, une fois par mois. Mes parents m'ont rendu visite, moi leur unique fille, qui vit à Lesbianville, dans le Massachusetts, ce qui est largement plus près que la Floride, une fois en douze ans. Je ne souhaite pas que mes parents débarquent à chaque fois que j'ai mes règles, comprenez-moi bien, mais je trouve la différence un peu flagrante. De plus, quand mes parents sont enfin venus nous voir, c'était seulement parce qu'ils devaient assister à une bar-mitsva dans le Connecticut. Ils avaient prévu d'arriver tôt et de faire les 60 km supplémentaires pour nous dire bonjour et manger un morceau.

Alors qu'a donc mon frère que je n'ai pas ? En dehors de ce qui semble évident — un truc entre ses jambes — et de ce qui semble à peine moins évident — un salaire à six chiffres —, mon frère a produit la seule chose qui pouvait le rendre divin à tout jamais aux yeux de mes parents : un petit-enfant. Et pas non plus n'importe quelle espèce de petit-enfant : un petit-*fils*. Puisque tout le monde traite ce polisson comme un dieu, Flash et moi avons pris l'habitude de l'appeler Moïse. Nous ne le voyons guère, car j'ai rendu visite à mon frère encore moins souvent que mes parents m'ont rendu visite ces douze dernières années. Mais ma mère, qui ne peut imaginer Flash et moi autrement que fascinées par les moindres faits et gestes de son héritier, nous envoie des cassettes vidéos tous les quinze jours afin que nous puissions contrôler son développement et sa croissance.

Vous êtes-vous déjà trouvée devant une vidéo de 30 minutes d'un bébé de cinq mois se balançant d'avant en arrière sur une de ces balançoires musicales, plantée sur le carrelage d'une cuisine ? Et moi qui pensais que David Letterman était mortel !

— C'est quand, les pubs ? a demandé Flash.

— Je ne sais pas, mais vise un peu ça, ai-je dit en appuyant sur le bouton REMBOBINAGE pour rigoler.

Mais ma blague est tombée à plat car la cassette ne variait pas d'un pouce en marche avant ou en marche arrière. Même en avance rapide, ce n'était pas folichon. J'ai voulu envoyer à ma mère une cassette de nos deux chats somnolant au soleil, mais Flash a jugé que c'était grossier. Elle a aussi jugé qu'il était grossier de ne pas offrir au petit Messie un cadeau d'anniversaire quand l'occasion s'est présentée quelques mois plus tard ainsi que toutes les années qui ont suivi depuis.

Les deux premières années, ça a été facile. Nous avons choisi une barboteuse minuscule, des baskets miniatures, un adorable petit gilet. L'année dernière, quand Moïse a eu quatre ans, Flash a déclaré qu'il était trop âgé pour des vêtements.

— Tu ne veux pas être la tatie qu'il aime le moins, non ? Achète lui un jouet !

— Mais je ne sais pas ce qu'il préfère, ai-je gémi.

— Devine qui peut te renseigner ? m'a-t-elle répondu en me tendant le téléphone.

J'ai donc appelé ma mère, l'experte, pour avoir un avis.

— Il adore les voitures, les camions, tout ce qui a des roues, a-t-elle dit, la voix débordant de fierté.

Dieu nous préserve de voir le petit-fils de ma mère adorer les poupées, les sacs à main, tout ce qui est en strass et à paillettes.

Nous lui avons expédié un ensemble de 100 voitures miniatures, qui lui a beaucoup plu, même si ma belle-sœur m'a bien fait comprendre dans son courrier de remerciement qu'elle n'appréciait guère de devoir les ramasser derrière le canapé, sous le meuble télé, entre la cuisinière et le réfrigérateur tous les jours de la semaine.

Dans un geste qui rendrait fière Mme Bonnes Manières, mon frère, qui ne m'avait pas appelée depuis trois ans, a composé mon numéro en plaçant Moïse près du combiné pour qu'il dise merci.

— Dis à tata Lesléa comme tu aimes tes nouvelles voitures, lui a-t-il suggéré.

Après plusieurs minutes de babillage excité, mon frère a repris l'appareil.

— Attends, lui ai-je dit, laisse Moïse remercier tante Flash.

— On paie plein tarif à cette heure-ci, a répondu mon frère qui ne trompait personne puisque nous étions dimanche après-midi. Une autre fois.

Flash et moi avons fini par rencontrer notre neveu aux soixante-cinq ans de ma mère, qui ont pris l'allure d'un dîner de gala. Il y avait assez de nourriture pour rassasier toutes les goudous de Lesbianville et de Park Slope réunies. Il y avait aussi une chanteuse dont l'interprétation de *Sunset Sunrise* a fait monter les larmes aux yeux de l'assistance. Nous étions assises à la table de mes parents, avec mon frère et sa femme et bien sûr le petit Moïse qui a fini par voler la vedette à ma mère. Chaque fois que la chanteuse entonnait un nouveau morceau, il invitait quelqu'un à danser. Mais ce qui nous a le plus impressionnées, c'est de constater qu'il se moquait d'avoir pour partenaire un homme ou une femme, adulte ou enfant.

— Quand crois-tu qu'il apprendra que ce n'est pas bien de danser avec des garçons ? ai-je demandé à Flash, juste après avoir entendu un serveur lui proposer « Une autre bière Monsieur ? »

— Avec ton frère en tant que père ? Je dirais… avant

la fin de la soirée ! a-t-elle rétorqué en reprenant du poulet Kiev.

— Oh allez, Flash, il n'est pas si mauvais !

— Tu veux parier ? Debout, a-t-elle ordonné en prenant mon bras.

— Où allez-vous ? s'est enquis mon frère en levant les yeux de son rôti anglais.

— Là-bas.

Flash a fait un geste en direction du centre de la salle.

— Pour danser ? a-t-il demandé avec horreur.

— Bien sûr, a répondu Flash en hochant la tête.

— Ensemble ?

Elle a hoché à nouveau la tête et mon frère en a laissé tomber sa fourchette.

— Vous n'êtes pas sérieuses, n'est-ce pas ?

Il nous montrait des yeux exorbités sur un visage livide.

— Ne t'excite pas frangin. Nous allons juste aux *toilettes,* a conclu Flash.

Elle m'a emmenée loin de la table après cette magistrale démonstration.

Quelques jours plus tard, ma mère a appelé pour discuter de la soirée.

— Ce fut extraordinaire, a-t-elle exagéré. Vous avez fait une sacrée impression à votre neveu. Il ne parle que de vous. Il n'arrête pas de dire à ton frère : tata Lesléa et tata Flash habitent ensemble, comme pépé et mémé, non ?

— Il est futé ce gosse. Alors qu'est-ce que je peux lui acheter pour son anniversaire cette année ?

— En ce moment, il raffole des livres. Il ne s'endort pas s'il n'a pas ses deux histoires.

— Deux hein ? ai-je demandé, soulagée de voir mon problème instantanément résolu.

Je n'avais pas à choisir entre *Heather a deux mamans* et *Gloria gambade à la Gay Pride.* Je pourrais lui offrir les deux. J'ai consulté Flash :

— Qu'en penses-tu ? Est-ce que Moïse est assez mûr pour *Heather* ?

— Sans problème. Dommage que ton frère, lui, ne le soit pas.

Dommage, en effet.

Une *femme* qui se fringue, c'est une *butch* qui se flingue

Faire du shopping ou ne pas faire du shopping ? Telle est la question un dimanche matin tranquille alors que Flash, les chats et moi sommes assis paresseusement à la table du petit déjeuner à boire différentes sortes de laits — nature ou avec du café.

— Je n'arrive pas à croire que tu veuilles faire du shopping aujourd'hui, s'étonne Flash.

Je n'arrive pas à croire qu'elle n'arrive pas à le croire. Elle sait pourtant que les vacances idéales pour moi seraient de passer une semaine à visiter les centres commerciaux américains. Elle sait aussi que mon film favori est *Scènes de ménage dans un centre commercial.* Flash sait enfin que j'ai toujours envie de faire du shopping.

— Mais il fait un temps magnifique, dit-elle en montrant la fenêtre.

Je l'approuve :

— Il fait un temps magnifique pour le shopping !

Elle opte pour une approche rationnelle :

— Mais tu n'as besoin de rien.

— Si. J'ai besoin de faire du shopping !

Flash ne comprend pas. Toute *butch* qu'elle est, elle

ne s'imagine pas qu'une *femme* ait besoin de toucher de ses mains du cuir, de la laine et de la soie. Elle ne ressent aucune émotion quand elle essaie des vêtements à la mode, mal coupés, trop chers, destinés aux jeunes, et qu'elle n'a nullement l'intention d'acheter. Elle ne trouve aucun plaisir à étaler sur le dos de sa main avec une brosse minuscule, différentes couleurs de fard à paupières pour trouver la bonne teinte. Mais moi, si.

Je tente de négocier :

— Je te préparerai des crêpes et je ferai la vaisselle après.

Cela ne l'impressionne guère.

— Je te laisserai dîner devant la télé ce soir !

— Marché conclu.

Une heure plus tard, nous arrivons au centre commercial, garons la voiture, et me voilà partie au sprint à travers le parking avec Flash lancée à ma poursuite.

— Ralentis ! dit-elle hors d'haleine en attrapant la bandoulière de mon sac comme les rênes d'un cheval. Nous avons toute la journée.

— Non ! Le centre ferme à 17 heures.

Je garde la cadence.

— Mais c'est midi !

— Justement !

Je tire la porte du magasin *Filene* d'un coup sec et me précipite à l'intérieur. Le rayon chaussures est notre premier arrêt.

— Ooh ! Regarde-moi ça !

Je saisis un escarpin sous les lamentations de Flash.

— Encore des chaussures noires ? Mais tu n'en as pas déjà au moins sept paires ?

— Non !

Je suis indignée. J'en ai déjà au moins vingt-sept paires. J'ai des talons de trois centimètres, de cinq centimètres, de dix centimètres, des talons aiguilles, des talons compensés, des talons bobines, des talons effilés, des talons laqués. J'ai des escarpins noirs avec une lanière à la cheville, avec une bride arrière fermée par un scratch, avec une bride arrière fermée par une boucle en métal *et* avec une bride arrière élastique. J'ai des chaussures noires en velours, en daim, en nubuck, en cuir souple, en cuir verni, en matières synthétiques. Sans oublier des chaussures plates, des nu-pieds, des mocassins, des sabots, des sandales, des mules, des espadrilles, des ballerines, et des bottes. Flash a raison : je n'ai pas réellement *besoin* d'une autre paire de chaussures noires.

Mais elles sont si craquantes. Ce sont des bottines en cuir souple avec des talons de cinq centimètres et une fermeture éclair en forme de cœur sur le côté. C'est le coup de foudre et elles me vont comme un gant.

— Tu les achètes ? s'enquiert Flash.

— Je vais les faire garder.

Je les confie à la vendeuse. Flash secoue la tête, déconfite. Tout le monde sait que je fais garder mes achats par des dizaines de vendeuses dans plusieurs magasins et pendant des heures. Pourquoi ? Parce que cela me libère les mains et facilite mon shopping.

Nous quittons le rayon des chaussures et passons devant une rangée de pantalons. Flash en retire un pantalon en toile marron clair identique à celui qu'elle porte.

— Je l'essaie ? demande-t-elle.

— Bien sûr !

Je suis ravie de la voir se prendre au jeu. Nous nous dirigeons vers les cabines d'essayage pour femmes mais nous restons coincées dans un embouteillage au niveau du présentoir des produits de beauté *Clinique*.

— Que se passe-t-il ? s'interroge Flash.

— Ils donnent des kits en cadeau. Un rouge à lèvres, un fard à paupière, un peigne, du gel pour le corps et une petite trousse adorable.

Je sens l'excitation qui me gagne.

— Tout ce qu'il faut faire, c'est acheter pour 13 dollars de cosmétiques.

— Comment peut-on dire que c'est gratuit ? se demande Flash à haute voix.

Je sais qu'il est inutile de lui expliquer. Je me faufile jusqu'au comptoir. Je choisis un pinceau à lèvres et du mascara que je reçois avec mon cadeau gratuit dans un grand sac.

— Ce n'est pas génial ?

Ce premier achat m'émeut au plus haut point. Maintenant la pression a disparu : je sais que je ne rentrerai pas chez moi bredouille.

— Allons essayer ton pantalon.

— Laisse tomber, dit-elle en déposant le pantalon dans un rayon quelconque.

La pauvre est exténuée. Mais moi, je ne fais que commencer.

Je la traîne à travers les galeries jusqu'à *Steiger,* qui va bientôt cesser son activité. Les soldes sont à moins 40 %. J'ai du mal à me retenir, mes doigts se promènent à travers les présentoirs de chemisiers et de vestes à la vitesse de la lumière. Et soudain j'aperçois quelque chose à l'autre bout de la salle qui me met en transe.

Un pull noir. Pas n'importe quel pull noir. Un pull noir orné de perles, en cachemire, avec des épaulettes. Un pull de légende. Un pull de star. Un pull pour moi.

— Tu as déjà un pull noir, déclare Flash.

C'est une lapalissade. Bien entendu, je n'ai pas *un* pull noir. J'ai des dizaines de pulls noirs. J'ai des pulls avec un col roulé, un col boule, un col cheminée, un col montant, un ras-du-cou, un col bateau et un col en V. J'ai un pull dos-nu, un pull tunique, un pull-chaussette, un pull à capuche. J'ai des pulls noirs à manches longues, à manches courtes, à manches trois quarts et à manches kimono. J'ai des pulls noirs en laine, en coton, en cachemire, en mohair, en laine d'agneau, en acrylique, et en *fleece*. J'ai même un pull noir orné de perles. Mais pas comme celui-là.

— Tiens moi ça, s'il te plaît.

Je donne à Flash mon sac *Clinique* et mon sac à main qu'elle met en bandoulière en le trouvant trop lourd. Je file aux cabines d'essayage. Une fois à l'intérieur, je défais à la hâte mon chemisier et le jette par terre telle une hystérique. Puis je sépare délicatement le pull du cintre, je le glisse sur ma peau et me retourne pour admirer mon reflet dans la glace. Il manque un bouton mais c'est un détail sans importance. Je suis sublime.

Je quitte la cabine à la recherche de Flash.

— Qu'en penses-tu ?

— Il a été fait pour toi.

— Vraiment ?

— Évidemment. Pourquoi est-ce que cette manche est roulée ?

Elle désigne mon bras droit. Je déroule le revers et j'entends le petit « ping ! » de quelque chose qui tombe sur le sol.

— Oh mon dieu ! dis-je dans un souffle, le bouton manquant !

Mes yeux se remplissent de larmes. Je suis touchée, au-delà des mots, par la gentillesse d'une inconnue, probablement une habituée des magasins comme moi, qui a eu suffisamment de cœur pour réunir le pull et son bouton afin qu'une autre femme puisse apprécier complètement ce vêtement. Un tel acte de bonté et de générosité, en particulier à notre époque, me stupéfie et me persuade que tout est parfait dans ce bas monde. Tant et si bien que je tais la petite voix qui me suggère de mettre le bouton dans ma poche, de faire constater le terrible défaut par la vendeuse et de réclamer une remise de 10 %.

— Est-ce qu'on peut rentrer maintenant ? me demande Flash, pleine d'espoir.

— Je dois récupérer les chaussures. Elles iront très bien avec ce pull. Il me manque juste une jupe noire pour parfaire l'ensemble.

— Tu n'as pas déjà une jupe noire ?

Je fais non de la tête car évidemment je n'ai pas *une* jupe noire. J'en ai un certain nombre. Une mini, une courte, une mi-longue, une longue fendue jusqu'au milieu de la cuisse. J'ai une jupe en velours, en rayonne, en cuir, en daim, une avec trois boutons dorés sur le côté. J'ai aussi une jupe noire plissée, une jupe moulante, une jupe en lin, une jupe en laine qui gratte, offerte par ma grand-mère en 1979.

De retour à la maison, je me dois d'essayer mon nouveau pull et mes nouvelles chaussures avec toutes ces jupes et divers collants noirs — opaques, à mailles, résilles, très fins, aux coutures apparentes, sans couture, en dentelles — tandis que Flash regarde une rediffusion de *Laverne & Shirley* à la télé. Pendant les pubs, je virevolte devant elle.

— Tes coutures sont mal mises.

— Arrange-les.

Je relève ma jupe et Flash tombe à genoux pour vérifier les coutures ; une inspection sous toutes mes coutures. Très lentement, méticuleusement. Heureusement, la coupure publicitaire n'en finit pas.

Plus tard dans la soirée, nous enfilons nos pyjamas et nous écroulons sur lit, épuisées mais satisfaites. Comme une famille américaine moyenne, après une journée dans les magasins.

La Belle et l'Appel

— Eh Flash ! Un mot en six lettres finissant par *ser* et qui signifie « avoir des rapports » ?

— Tu me fais un appel de phares ? me demande ma bien-aimée toujours prête et disposée.

— Non, je planche sur des mots croisés.

— Dans quel journal ? Dans *On Our Backs* ?

— Non, dis-je en mâchouillant la gomme de mon crayon à papier, le *Times*.

Je continue de remplir les petites cases.

— Ça commence par un *C*.

— J'ai trouvé !

— Quoi ?

—Allez, je t'aide. C'est ta deuxième activité préférée.

— Causer !

Facile. Évidemment, comme la plupart des femmes, j'adore causer. Surtout au téléphone.

J'ai toujours adoré causer au téléphone. J'étais l'adolescente type, rivée à l'appareil pendant des heures, étalée sur mon lit avec des rouleaux dans les cheveux, un masque sur le visage, l'oreille droite collée au combiné dès que je rentrais à la maison après l'école jusqu'au moment où j'entendais ma mère crier :

— Raccroche ce téléphone et descends manger !

Personne dans ma famille n'avait la moindre chance de recevoir un coup de fil. À l'époque, le signal d'appel n'existait pas. J'adore le signal d'appel. Mon amie Mitzi, qui contrairement à moi n'est pas une accro du téléphone, le surnomme « signal d'appât ». Quand je l'ai au bout du fil et que je lui demande de patienter car j'ai un autre appel, elle me raccroche tout simplement au nez. Je trouve cela déplacé. Mitzi, elle, pense qu'il est déplacé que je lui dise « Peux-tu patienter deux secondes ? » alors qu'elle pleure à chaudes larmes parce qu'elle vient de découvrir que Randy, sa copine, plutôt portée sur la chose, a embrassé une autre femme en son absence.

Je suis sans doute un tantinet insensible. Mais je n'y peux rien, chaque fois que le téléphone sonne, mon cœur bondit : qui cela peut-il être ? Mon agent qui m'annonce qu'elle vient de vendre mon roman pour une fortune ? Flash qui m'invite à la rejoindre à midi pour un câlin express ? Oprah, qui enfin me supplie de participer à son émission ? Cela pourrait être un faux numéro ou — pire — ma psy qui souhaite annuler un rendez-vous ou — encore pire — ma mère qui me rappelle d'envoyer une carte d'anniversaire à tante Potin. Cela pourrait être de bonnes ou de mauvaises nouvelles, mais le problème n'est pas là : je dois savoir qui c'est.

Mon ami Raven est tout à fait l'opposé de Mitzi. Il est la *reine* du téléphone, et je pèse mes mots. Il y excelle tellement que, souvent, pendant que nous discutons, j'ignore le « bip ! » du signal d'appel car c'est un véritable péché que d'interrompre ses croustillants ragots.

C'est lui qui s'interrompt.

— Tu ne prends pas cet appel ?

Son ton est impatient, presque méchant. Raven est une pipelette de premier ordre et un drogué aux unités, comme moi. Il est aussi curieux que moi de savoir qui est sur l'autre ligne. Certes, quand j'en ai fini avec mon deuxième appel et que je reprends Raven, il est lui-même en ligne avec un autre interlocuteur. Puis, pendant que je patiente, je reçois un nouvel appel, et au milieu de la conversation, mon signal fait « bip ! » pour m'avertir que

Raven est revenu vers moi. Si bien que lui et moi entamons immanquablement une discussion sur ce que nous venons de dire avec les autres.

Il faut cependant surveiller Raven. Il est rusé. De temps en temps j'entends un « clic ! » qui ressemble à un coup de stylo Bic sur le combiné puis Raven qui s'exclame :

— Ooups ! Je dois y aller !

Il ignore que je lis les journaux et que je connais l'existence d'un nouveau gadget sur le marché appelé « Je dois y aller ! » et qui, pour la modeste somme de 35 dollars, va imiter le signal d'appel à volonté. Votre interlocuteur entend ce « clic ! » et pense que vous recevez un autre appel. Mais il n'en est rien.

Quand j'en ai parlé à ma mère, elle s'est mise à rire.

— J'utilise ça depuis des années ! Ça s'appelle « Il y a quelqu'un à la porte » ! Et tu sais quoi encore ? J'ai aussi le signal professionnel « On m'appelle pour une conférence » !

— Vraiment ?

— Je t'assure. Ça marche avec le téléphone de l'étage ! Ne quitte pas. Je te montre avec ton père.

Ma mère est de toute évidence une femme en avance sur son temps, mais ma grand-mère, elle, ne l'est pas. Son téléphone est arrivé dans son appartement en même temps qu'elle : en 1945. Il a un cadran circulaire et un combiné qui pèse deux kilos. Le cordon est très court de sorte que lorsque je lui parle, je sais qu'elle est assise dans le salon, sur la « chaise du téléphone ».

Ce n'est pas mon cas. Avec mon téléphone sans fil léger comme une plume, aux dix-sept canaux et une fixation spéciale — on en voit la pub à la télé — qui maintient le combiné sur la tête, je pourrais me trouver n'importe où quand je vous parle : dans la salle de bains à me raser les jambes, ou bien sous le porche, derrière la maison, à améliorer mon bronzage.

Ma grand-mère a cependant un avantage indiscutable sur moi : dès que le téléphone sonne, elle sait où le trouver. Moi, en revanche, je dois courir comme une folle à travers l'appartement. Je hurle « Où est le téléphone ? », bousculant Flash, en essayant de me rappeler où je l'ai laissé : sur le couvercle des toilettes ? Dans le placard à côté de mes chaussures ? Dans la cuisine derrière le micro-ondes ? Si je ne mets pas la main dessus avant la troisième sonnerie, le répondeur me devance.

Voilà donc l'avantage que j'ai sur ma grand-mère : elle n'a pas de répondeur. La convaincre de laisser un message m'a pris des années. Au début, elle ne comprenait pas.

— C'est qui cette personne qui répond chez toi ?

— C'est moi, grand-mère. C'est moi qui parle dans une machine.

— Alors si tu parles dans une machine, pourquoi tu ne décroches pas ?

— Mais non, grand-mère, ce n'est pas vraiment moi. Je ne suis pas chez moi.

— Alors si tu n'es pas chez toi, qui est cette étrangère qui répond au téléphone ?

Bien évidemment, j'*adore* mon répondeur. Quand je rentre à la maison, au lieu de m'accueillir Couscous saute sur le répondeur puisqu'elle sait que c'est vers lui que je me dirige. Je note tous les messages, puis décide qui je rappelle et qui je ne rappelle pas.

Posséder un répondeur a au moins cet inconvénient. Il est loin le bon vieux temps où vous pouviez juste dire :

— Tu as appelé il y a une semaine ? Ah bon ? Ma copine ne me l'a jamais dit !

Maintenant il n'est pas facile de dire « Mon répondeur est cassé. » ou « Mon chat a effacé les messages. » trop souvent. Le bon côté de l'affaire c'est de pouvoir appeler les gens à qui vous ne voulez pas parler quand vous savez qu'ils seront absents, partis au travail ou en week-end et de leur laisser simplement un message : « Je te quitte pour Henrietta » ou « Je n'ai toujours pas les 200 dollars que je te dois. Désolée ! »

Flash ne comprend pas ma fascination pour le téléphone. Pour elle, un coup de fil est seulement un moyen d'être efficace :

— Tu veux aller à la fête d'Angelo ? Je passe te prendre à 19 heures.

Raven et moi, d'un autre côté, allons rester des heures au téléphone à faire des plans avant la fête :

— Tu vas à la fête d'Angelo ? Qu'est-ce que tu vas mettre ? Une jupe ou un jean ? Des lunettes ou des lentilles ? Tu crois que Bennett y sera ? Je trouve Bennett vraiment mignon. Ne quitte pas, je prends un autre appel. OK, Je suis à toi. Angelo dit que Bennett ne viendra pas et que nous devons apporter des boissons. Qu'est-ce que tu en penses ? Du vin ? Du rouge ou du blanc ? Attends une seconde. Allô, tu es toujours là ? Mitzi veut que nous passions la chercher. Qu'est-ce qu'elle emmène : sa robe décolletée ou sa copine culottée ? Les deux ? Tu en es sûre ? Reste en ligne. Je suis là. Angelo dit de ne pas oublier un tire-bouchon. On prend ta voiture ou ma voiture ? Je mets des bottes ou des talons ? Du cuir ou du daim ? À quelle heure commence la fête ? 20 heures ou 20 h 30 ? À quelle heure, on y va ? 21 heures ? 22 heures ? On va dans un bar avant ? Où ? Le Pub ou le Bar ? On dit à Mitzi de venir ou on passe la prendre après ?

Au milieu de tout cela, un sentiment de déjà-vu me saisit au son de la voix de Flash, étrangement semblable à celle de ma mère, qui me crie :

— Raccroche ce téléphone et viens manger !

— Ooups ! Il y a quelqu'un à la porte, dis-je à Raven. Je dois y aller !

Je pénètre dans la cuisine pour y découvrir que ma chérie a préparé une table avec des fleurs, du champagne et des chandelles. Si je me débrouille bien, il est fort possible que nous terminions la soirée par des rapports — vous savez, ceux qui ne commencent pas par la lettre *C.*

Il me tarde d'appeler Raven pour lui en causer.

Le spectacle *doit* continuer

Quand je suis en voyage pour une tournée littéraire, j'appelle chez moi tous les jours. Voici un extrait d'une conversation, un jeudi soir :

Flash : Je suis si heureuse de t'entendre ! Des nouvelles de Michael ?

Moi : Non, pas une seule. Et je n'ai même pas aperçu Liz !

Flash [*d'une voix plaintive*] : Qu'est-ce qu'on va bien pouvoir faire de ces deux-là ?

Moi [*imitant ma mère*] : J'aimerais leur donner des claques !

Si quelqu'un interceptait cette discussion — ce qui est de l'ordre du possible puisque nous avons deux téléphones sans fil —, il pourrait penser que nous parlons de nos amis : un couple d'hétéros pris d'une folie meurtrière, un frère et sa sœur qui ont mal tourné... Mais non. Flash et moi discutons de gens qui nous concernent de très près : Michael Jackson et Liz Taylor.

Nous échangeons ensuite d'autres informations.

— Tu as vu les Golden Globes de Madonna ?

— Les globes ? demande Flash. Je croyais qu'elle n'en avait reçu qu'un.

— Je ne te parle pas de celui qu'elle a reçu ! Je te parle des deux qui pointaient sous sa robe !

— Oh, ceux-là... dit-elle, d'un air désinvolte, comme si elle n'avait pas remarqué ce que la maternité avait fait aux glandes mammaires de Madonna.

Je change de sujet :

— C'est quoi cette rumeur sur Chastity et Candace ?

— Rien. C'était justement des on-dit. (Elle baille.) Comment s'est passé ta lecture publique ce soir ?

— C'était très bien. Écoute, il faut qu'on y aille, il est 20 h 59.

— 20 h 59 ? Je détecte une légère panique dans la voix de ma bien aimée. Bye bye. Je t'aime.

— Moi aussi. Bye bye.

Dès que nous avons raccroché, je me précipite sur la télé pour passer la demi-heure qui suit avec mes amis inséparables Jerry, George, Elaine et Kramer. Où que je sois, je peux toujours compter sur l'équipe de *Seinfeld* pour me tenir compagnie de 21 heures à 21 h 30 n'importe quel jeudi soir. Certains couples, séparés par la distance, éloignés par les circonstances se réconfortent à l'idée que les étoiles au-dessus de leur tête brillent de la même façon pour tous les deux. Ce n'est pas mon cas. Ce qui me rassure, c'est de savoir que Flash et moi, à 800 km l'une de l'autre, regardons les mêmes stars sur l'écran de la télévision. Nous rions des mêmes blagues. Nous baissons le son sur les mêmes pubs. Nous ne faisons qu'une. Et après ça, nous nous branchons sur CNN en espérant un scandale réjouissant à Hollywood, avec en vedette Cher, Dolly n'importe laquelle de nos vedettes favorites.

Notre vie est-elle à ce point banale que nous devions nous résoudre aux ragots sur les célébrités pour lui ajouter un peu de sel ? Possible. Mais nous préférons la version suivante : malgré une existence incroyablement exaltante, Flash et moi gardons une place dans notre cœur pour chérir les gens plus chanceux que nous.

Ça n'a pas toujours été ainsi. J'ai d'abord été une enfant normale, nourrie de Pop-Tarts et de dessins animés le samedi matin. Mais à partir de seize ans, j'ai traversé une longue phase où je clamais « À mort la télé ».

À cette époque, la télévision était reine à la maison. Personne ne devait parler pendant les émissions phares : les soap opéras de ma mère, que mon père appelait les « soupes opéras » mais qu'elle nommait ses « histoires », et tous les événements sportifs qui comportaient une balle, une batte, un panier ou un casque, à qui mon frère accordait la plus grande importance.

La télévision avait même son lieu propre : l'espace télé. Il n'y avait pas d'espace grille-pain ou d'espace mixeur. Je n'avais même pas une chambre à moi. Mais l'espace télé était sacré. Par conséquent, je refusais d'y pénétrer. Pendant que le reste de la famille s'installait à sa place habituelle pour regarder *Leave it to Beaver* et *Mes trois fils,* je me retirais résolument à l'étage avec un épais roman russe de Dostoïevski ou Tolstoï. Je les entendais me supplier du bas de l'escalier :

— Descends regarder avec nous ! L'émission d'Ed Sullivan va commencer !

— Je suis en train de lire, répondais-je.

Mes parents secouaient la tête en soupirant.

— Qu'avons-nous fait de travers ? marmonnaient-ils en réintégrant l'espace télé tandis que les pubs s'achevaient et qu'on entendait le générique de l'émission.

Quand j'ai quitté le domicile familial, j'étais très fière de compter parmi les 1,7 % de la population américaine qui vivait sans télé. Et c'est avec un sentiment de supériorité que j'ai persisté dans ce mode de vie pendant seize ans, jusqu'à ce que je rencontre Flash. Elle a eu du mal à croire que je ne possédais pas de téléviseur. Heureusement elle a découvert cette tare au début de notre relation, à un moment où ses nombreuses nuits sans sommeil la rendaient plus indulgente. Assez vite pourtant, nous avons commencé à passer le plus clair de notre temps chez elle afin qu'elle puisse regarder la télé. Elle mettait son casque, se branchait au téléviseur et se plongeait dans un programme intitulé *Cheers* pendant que je me lovais à ses côtés avec un recueil de poèmes de Yevtushenko. Mais un jour, tout a basculé.

Ce fut au cours d'un gala de charité. Je ne pouvais empêcher mes yeux, qu'on aurait dit déconnectés de mon cerveau, de se détourner des poèmes que je lisais pour apercevoir sur l'écran une robe rouge à paillettes.

— Qui est-ce ? ai-je demandé à Flash.

— Goldie Hawn.

— Qu'est-ce qu'elle dit ?

— Chut. Je n'entends plus rien.

— Laisse moi écouter !

J'ai arraché le casque et en un instant, je me suis retrouvée dans le monde des vivants.

— Ooh ! Regarde Jane Fonda, me suis-je extasiée. Elle n'a pas changé du tout. Oh, mon dieu. C'est Marilyn Monroe ?

— Non, c'est Madonna.

— Madonna qui ?

De toute évidence, j'avais du retard à rattraper. Je me suis mise à regarder la télé pour de bon. Au début, Flash était enchantée de me voir à nouveau parmi mes pairs, mais maintenant, je crois qu'elle s'en désole. Car, voyez vous, elle a créé un monstre. Le plus gros problème dans notre couple est de savoir qui contrôle la télécommande. J'ai récemment lu un article sur une femme qui avait tranché l'objet en deux avec une hache parce que l'incessant zapping de son mari avait fini par lui taper sur les nerfs. Je ne l'ai certes pas accablée. Dans la même semaine, un homme a jeté le lecteur CD de sa voisine par la fenêtre parce qu'il avait entendu une fois de trop *I Will Always Love You* de Whitney Houston.

Désormais Flash et moi formons une famille équipée de deux téléviseurs. On pourrait croire que c'est la solution au problème mais il n'en est rien. Nous préférons toutes les deux la télé du salon à celle de la chambre ; de plus, ce n'est pas très drôle de regarder la télé seule dans son coin. C'est une activité familiale. Alors Flash essaie de me convaincre de suivre des émissions de *butch,* comme *Star Trek* et des reportages de Discovery Channel sur l'accouplement étrange d'araignées au ventre jaune. De mon côté, j'essaie de lui faire suivre des émissions de *femme*, ces téléfilms inspirés d'histoires vraies telles que *Les Saisons du cœur* avec Sally Field.

De temps en temps nous parvenons à un compromis. J'ai assisté à quelques épisodes de *Star Trek : la Nouvelle Génération* — surtout pour la coiffure du conseiller commandeur Troi —, et, c'est tout à son honneur, Flash a regardé les trois épisodes d'Amy Fisher en ma compagnie — nous avons pensé toutes les deux que l'interprétation de Drew Barrymore était la meilleure. Ma bien-aimée a cependant ses limites ; je n'ai pas pu la convaincre de s'intéresser à *Tears and Laughter : The Joan and Melissa Rivers Story.* Dieu merci, Raven a rappliqué sur-le-champ avec un paquet de Chamallows et deux bouteilles de limonade. Celui-là sait comment *vivre* !

Au fil des années, Flash et moi nous sommes quelque peu accordées. Nous adorons toutes les deux *Xena, la guerrière*. En fait, je me prends pour l'âme sœur de l'héroïne, du genre : Lesléa, à la guêpière. Nous aimons aussi les émissions culinaires même si nous détestons cuisiner — ce qui nous émeut le plus c'est de voir Julia Child faire claquer le poisson dans ses grandes paluches. Pour être le plus politiquement incorrectes possible, nous sommes parfois tentées par un concours de beauté, un vendredi soir particulièrement mémère. Nous laissons tout en plan pour du tennis féminin, surtout si Martina est sur le court. Nous apprécions aussi les bons talk shows, avec des sujets comme « Les femmes qui donnent des noms à leurs seins » — « Robert » et « Robert ».

Et bien sûr, les gens savent que nous sommes des fans d'*Ellen*. Si le téléphone sonne à la maison entre 21 heures et 21 h 30 un mercredi soir, nous pressentons sur le champ le décès de quelqu'un, ou l'humeur particulièrement détestable de Raven. Nous aimons aussi *Murphy Brown* et pratiquement toutes les séries avec des personnages féminins marquants. Évidemment, les séries lesbiennes ont notre préférence. Je veux parler de ces histoires qui mettent en scène des couples comme

Lucy et Ethel, Mary et Rhoda, Laverne et Shirley, Wilma et Betty. Vraiment, si ces filles ne sont pas goudous, je mange mon abonnement à *People* ! Je m'explique : elles rêvent ensemble, elles complotent ensemble, elles rient ensemble, elles pleurent ensemble, elles se séparent, elles se languissent, elles se rabibochent. Et elles ne font jamais l'amour. On dirait la moitié des couples de filles que je connais. Y compris Bert et Ernie.

Flash et moi attendons toujours que le grand événement lesbien se produise sur le petit écran. Qui sera le premier véritable couple *butch/femme* à la télé ? Xena et Gabrielle ? Ellen et Paige ? Murphy Brown et Corky Sherwood Forrest ? Miss Babcock et Nanny Fine ? Et maintenant que la mère de Roseanne a révélé son homosexualité, va-t-elle se mettre à boire comme sa fille quelques saisons plus tôt ? On se souvient de ce baiser décrié entre Roseanne et Mariel Hemingway, même si j'ai perçu plus de passion dans les papouilles de Paul Reiser à son chien Murray dans la série *Dingue de toi.*

Mais ça c'est du show-business. De temps en temps, mes amis de *Seinfeld* parlent un peu de nous mais ils sont souvent à côté de la plaque. Dans un épisode, Jerry indique à George les avantages d'être homo. « Tu emménages avec ton amant, dit-il, et tu doubles instantanément ta garde-robe ! Ça vaut la peine d'y réfléchir ! ».

Jerry, c'est tout réfléchi. Peux-tu imaginer Flash empruntant ma minijupe léopard et mes talons hauts ? Ou moi déambulant dans ses Doc Martens et ses pantalons en toile ? C'est impensable.

Ce n'est pas aujourd'hui que nous verrons des gens qui nous ressemblent à la télévision. La lesbienne qui aura la chance d'animer une émission sur les homosexuelles a encore ses dents de lait. Ce n'est pas si grave. Je travaille sur un scénario pour un téléfilm inspiré de faits réels intitulé : *Lesléa, ma vie de lesbienne.* Et nous avons du mal à choisir les acteurs.

— Tony Randall pourrait jouer Raven, me dit Flash au cours d'un brunch.

— Tony Randall ? Je pensais plutôt à Tom Cruise.

— Je veux que Tom Cruise joue mon rôle, répond-elle en prenant une tartine grillée.

— Pour toi, je voyais K.D. Lang.

Après tout, puisque je ne peux pas l'avoir pour de vrai, ça serait un excellent compromis.

— Qui jouera ton rôle ? se demande ma chérie.

— Geena Davis.

— Elle est trop grande.

Le téléphone se met à sonner et bien entendu, au bout du fil j'entends Raven qui arrive toujours à sentir quand nous parlons de lui. Je l'interroge :

— Qui préfères-tu pour jouer ton rôle ? Tony Randall ou Tom Cruise ?

— Christian Slater, dit-il. Et j'espère que tu seras jouée par Geena Davis.

— Flash pense qu'elle est trop grande.

— Joan Crawford irait bien pour Flash. Rappelle-moi quand vous aurez choisi.

Flash réfléchit :

— Joan Crawford serait pas mal. Ou Barbara Stanwick.

— Et Barbra Streisand ? dis-je en resservant du café. Elle était un peu *butch* dans *Yentl.*

— Pas question. En plus, elle ne se coupe jamais les ongles. Amy Irving pourrait faire l'affaire pour toi. Ou, attends, pourquoi pas Fran Drescher ? Elle te ressemble !

— Non. Écoute. Je jouerai mon propre rôle. Je me ressemble. Tu sais comme dans *The Joan and Melissa Rivers Story.*

— Si tu joues ton rôle, il n'est pas question que K.D. Lang joue le mien. Il y a beaucoup trop de scènes d'amour.

— En tout cas, je n'embrasserai pas Tom Cruise. Tiens-le toi pour dit.

Restez avec nous. Le spectacle continue.

Visite d'une autre planète

— Flash, sois forte. Les P.I. arrivent !

Mon pauvre amour innocent lève les yeux de son journal.

— Les P.I. ? Elle réfléchit une minute. Les Politiquement Incroyables ?

— C'est juste. Connus aussi en tant que Parents Infernaux.

— Tes parents viennent nous voir ? Sa voix trahit ses doutes. Pourquoi ?

— Pourquoi ? Est-ce que je sais moi ? lui dis-je d'un ton semblable à celui de ma mère. Ils veulent voir le nouvel appartement.

— On ne peut pas leur envoyer des photos ? suggère Flash, toujours optimiste.

— Non.

Je m'assois avec un stylo et un bloc-notes pour préparer tout cela.

— Voyons voir. Ils arrivent samedi à 13 heures. Nous déjeunerons de 13 h 05 à 13 h 30 et nous irons dîner pour 18 heures, ce qui signifie que nous partirons d'ici vers 17 h 30.

Je fais un rapide calcul mental.

— Ça nous laisse quatre heures à tuer.

— Qu'est-ce qu'on va bien pouvoir en faire ?

demande Flash comme si elle parlait d'une vieille paire de chaussures trouvée dans le grenier.

Je me creuse la tête.

— Il faut qu'on les occupe.

— Bon, dit ma bien aimée, quels sont leurs loisirs ?

— À part manger ? Pas grand-chose : lire les potins et se plaindre.

— Fichtre ! Ça ressemble à quelqu'un que je connais.

Cela ne m'amuse pas du tout. Quatre heures d'imprévus avec mes parents pourraient nous être fatales.

— Ils adorent voyager, me rappelle Flash. Ne t'inquiète pas. Nous leur ferons visiter la ville.

Je m'empresse de la rassurer.

— Je ne suis pas inquiète. Je suis sur les nerfs !

Nous passons les quatre journées suivantes à briquer l'appartement. Nous lavons et cirons les sols. Nous frottons les murs. Nous enlevons la poussière derrière la télévision. Nous mettons de l'ordre dans nos tiroirs à sous-vêtements. Je classe mes dossiers et mes papiers. Flash dégivre le réfrigérateur. Je range les épices par ordre alphabétique.

Le grand jour finit par arriver. Je suis levée à 6 heures, et j'essaie toute ma garde-robe, à la recherche du look le plus adapté pour l'occasion : plutôt sophistiqué, afin de rassurer mes parents qui sont persuadés que j'ai raté ma vie, mais pas trop somptueux au cas où mon père aurait l'idée de me glisser un ou deux billets.

À 13 heures pile, la sonnette retentit.

— C'est épatant, dit ma mère, en virevoltant dans l'appartement. Je n'en crois pas mes yeux.

Sa voix dénote une réelle surprise, trahissant la crainte qu'elle nourrissait de nous trouver dans une grange. Elle interpelle mon père.

— Chéri, ce n'est pas épatant ?

— Épatant, en effet, répète-t-il.

Il ferme la marche, traînant avec lui deux énormes sacs à provisions.

— Où se trouve la cuisine ? s'enquiert ma mère.

Vous me connaissez, je me dirige toujours droit vers la cuisine !

En d'autres termes : ne cherchez pas à me montrer la chambre.

— C'est épatant ! s'exclame-t-elle d'une voix encore choquée.

Elle jette un bref regard circulaire dans la pièce, puis elle déclare :

— J'ai apporté des *bagels.* Si nous mangions ?

Je sors les assiettes et les couverts en argent pendant que ma mère déballe de quoi nourrir l'ensemble des lesbiennes de l'équipe de softball de Flash. Des *bagels,* du fromage à tartiner, du saumon fumé, des œufs durs, du quatre-quarts, de la compote et des cookies. Nous dévorons joyeusement à belles dents. C'est la partie la plus facile de la journée : nous ne pouvons pas parler la bouche pleine. Mais bientôt le repas s'achève. La conversation doit commencer.

— Alors, quoi de neuf ? demande ma mère.

Si vous ne la connaissiez pas, vous pourriez imaginer qu'elle s'intéresse à ce qui s'est passé dans notre vie ces derniers temps. Loin de là. Elle pense à haute voix, tout simplement.

— Voyons voir, enchaîne-t-elle. Tu te souviens des Siplinsky dans notre rue ?

Elle n'attend pas la réponse.

— L'aînée vient d'avoir un bébé. Une fille, je crois.

Elle se tourne vers mon père :

— C'est bien une fille, non ?

— Une fille ou un garçon, je ne me rappelle plus, répond-il.

— Bref, le bébé est en bonne santé, c'est ce qui compte. Quoi d'autre ? Tu te souviens de Steven Silverberg qui avait un an d'avance sur toi ? Sa femme s'est fait enlever un sein. Un cancer. Ils pensent qu'ils ont retiré la totalité de la tumeur.

Elle s'interrompt pour boire une gorgée de café.

— Oh, et les Greenberg ? Tu vois qui c'est, non ? Ceux qui habitaient dans la rue, avec leur gazon brûlé.

Tu te souviens de leur gazon (on aurait dit du foin).

C'en est trop.

— Maman, je ne me souviens pas du gazon des Greenberg !

— Mais si tu t'en souviens, insiste-t-elle. Une maison à deux étages près de la nôtre. Ils ont refait leur façade en aluminium l'année dernière. Je t'en avais parlé.

Je feins d'être intéressée.

— Oui, bon ! Qu'est-ce qui leur arrive aux Greenberg ?

— Ils ont changé de gazon.

— Ils ont changé de gazon ?

— Oui, comme je te dis. C'est incroyable non ? Leur gazon est superbe maintenant.

Qu'est-ce que je peux bien répondre à ça : leur gazon n'est donc plus maudit ? Flash me voit m'étioler et suggère un tour en voiture. Mes parents adorent aller faire un tour en voiture. C'est leur sport favori. Nous nous installons dans la Cadillac de mon père qui, dès qu'il se trouve derrière le volant, commence à chanter. Sa voix est la réplique masculine de celle d'Edith Bunker, ce qui ne me dérange pas vraiment, mais Flash qui a l'oreille absolue, ne le supporte pas longtemps. Pour le faire taire, elle décide de jouer au guide touristique. Elle se penche en avant et montre un point par la vitre du côté de ma mère :

— Vous voyez ces montagnes à droite ? Remarquez comme elles vont d'Est en Ouest, contrairement à la plupart des chaînes montagneuses qui vont du Nord au Sud.

— Comme c'est intéressant ! s'exclame ma mère.

Je regarde Flash qui me parle en bougeant seulement les lèvres : *Je suis en train de raconter n'importe quoi !*

Je lui réponds de la même manière : *On s'en fiche ! Continue à parler !*

Nous occupons mes parents jusqu'à l'heure du dîner. Nous avons réservé dans un restaurant que Flash et moi n'avons jamais essayé, malgré une irrésistible envie, car il est au-dessus de nos moyens.

Ma mère commande des crevettes au curry, mon père choisit de l'agneau. Je me décide pour du poulet puis Flash me surprend en commandant elle aussi des crevettes au curry. Je lui signifie mon étonnement en levant le sourcil. Elle déteste le curry. Elle me décoche un grand sourire.

Bientôt les salades et le pain sont servis. Je n'ai plus rien à craindre, les sujets de discussion sont tout trouvés.

— Oh, que ce pain est bon ! se délecte ma mère en beurrant une tranche. Vous croyez qu'ils le font eux-mêmes ?

— La vinaigrette maison est excellente, se délecte mon père. Ça me rappelle cette vinaigrette que nous avions eue dans le Vermont.

— C'était dans le New Hampshire, corrige ma mère en lui tapant sur la main. Ne te gave pas de pain !

— Non. Je suis sûr que c'était dans le Vermont, insiste mon père.

Pour une fois, je me réjouis d'une conversation aussi inepte car, non loin de nous se trouve le comité pour la fierté homosexuelle de Lesbianville au complet. Des mots tels que « bisexuel » et « transgenre » jaillissent mais, Dieu merci, mes parents sont trop occupés à se rappeler où ils ont goûté cette vinaigrette pour entendre quoi que ce soit.

On nous sert enfin nos plats. Ma mère lève un visage radieux vers Flash.

— N'est-ce pas fameux ? dit-elle. Hum, c'est tellement bon !

Elle donne un coup de coude à mon père.

— Chéri, tu ne sais pas ce que tu perds.

Elle se retourne vers ma bien-aimée en agitant une crevette.

— Flash, nous avons fait le bon choix.

Maintenant je comprends tout. Flash, en excellente diplomate, a renforcé l'opinion de ma mère sur son bon goût à elle. Heureusement cette dernière est si concentrée sur son assiette qu'elle ne remarque pas les litres d'eau bus par Flash pendant ce repas qui s'avère, pour elle, interminable.

Finalement, c'est l'heure du dessert. Mes parents font l'impasse : ma mère est rassasiée, mon père est diabétique. Je n'en peux plus moi-même mais Flash commande son dessert préféré : du flan. Avant que le serveur ne l'ait complètement posé sur la table, mes parents lèvent leur fourchette pour en goûter un morceau.

— Comment est-il ? interroge Flash poliment.

— Tu vas adorer, répond ma mère en prenant un autre bout.

Flash n'est pas contrariée, au contraire, elle est plutôt flattée. Maintenant, elle a le sentiment de faire partie de la famille.

Mes parents boivent chacun trois tasses de café avant de partir. Nous retournons à l'appartement mais je ne les encourage pas à pénétrer à l'intérieur.

— Vous ne voulez sans doute pas rentrer chez vous trop tard. Il y aura peut-être de la circulation.

Mon père nous dit au revoir, en serrant la main de Flash et en me prenant dans ses bras. Il ne me glisse aucun billet. Ma mère embrasse l'air à proximité de ma joue.

— Au revoir ma chérie. Nous avons passé un après-midi merveilleux. Je ne vais jamais m'en remettre !

Moi non plus, maman.

La complainte des ragnagnas

De toutes les joies du lesbianisme, qui sont trop nombreuses pour que je les énumère, il y en a une dont je me passerais volontiers : le plaisir qu'ont deux femmes à partager leur vie, à s'aimer tendrement et à attendre leurs règles au même moment. Ce n'est pas joli à voir, croyez-moi. Heureusement, je n'ai plus à me soucier de cette terrible situation puisque ma bien aimée, en puisant dans ses vestiges de sagesse féminine, a trouvé le moyen de ne plus jamais avoir ses règles. Elle suscite la jalousie chez nos amies de la génération du baby-boom et des suivantes : elle a travaillé dur et mené à bien sa ménopause. Et c'est une excellente initiative car j'ai assez de symptômes prémenstruels pour deux.

L'avantage d'être une lesbienne est ainsi indiscutable : mon amante a connu cette situation elle aussi. Seule une femme qui aurait marché deux kilomètres chaussée de mes mules — les pieds gonflés au minimum — pourrait sans doute me comprendre et endurer le monstre qui se réveille en moi sept jours par mois.

Dimanche, premier jour : Il est 3 heures du matin. Flash entre au radar dans la salle de bains et me trouve à quatre pattes dans la baignoire, complètement nue, frottant le bas du rideau de douche avec du Scotch-brit.

— Pourquoi fais-tu ça maintenant ? demande-t-elle poussée par une curiosité non feinte.

— Parce que je ne vais pas supporter la *shmutz* dans cette maison une minute de plus ! dis-je en rassemblant toute l'huile de coude dont je dispose.

— Viens donc te coucher, m'encourage-t-elle en me tendant la main, la saleté sera encore là demain matin.

Je rétorque en redoublant d'effort :

— Plutôt mourir !

— Symptôme prémenstruel ou je me trompe... chantonne-t-elle.

— Tu te trompes ! !

Je hurle en lui lançant le Scotch-brit à la figure. Elle l'esquive et retourne se coucher, avec l'espoir de pouvoir dormir un peu. Elle aura besoin de toutes ses forces : la fête vient à peine de commencer.

Lundi, deuxième jour : Je me tiens devant le four et pique avec un cure-dent des muffins au son pour vérifier s'ils sont cuits. À présent que la maison est plus propre que lorsque mes parents sont venus nous rendre visite, mes instincts domestiques se sont reportés sur le royaume de la nourriture. Flash et moi avons des habitudes alimentaires déplorables et je suis déterminée à les changer. Ces muffins sont un bon point de départ ; *a priori* ils contiennent plus de fibres que toutes nos chaussettes réunies. Je mets sur la table du beurre de soja, de la confiture biologique, les muffins et du café. Flash pénètre dans la cuisine, s'affaisse sur une chaise et sirote sa dose de caféine matinale.

— Prends un muffin, chérie, lui dis-je d'une voix suave.

— Non, merci.

— Tu sais que le petit déjeuner est le repas le plus important de la journée ?

— Je n'en ai pas pris depuis 1969, me rappelle-t-elle, comme si je n'avais pas remarqué que depuis six ans, elle n'avale rien d'autre que du café et parfois de la vitamine C jusqu'au repas de midi.

— Mais je les ai préparés pour toi !

Je me mets à pleurnicher.

— Je vais en emporter un au travail et je le mangerai au déjeuner, me promet-elle.

Je hurle, soudain furieuse :

— Mais je veux que tu le manges maintenant !

J'attrape un muffin et le jette à travers la pièce. Flash récupère ses clés de voiture, se dirige vers la porte, la tête dans les épaules et me lance un « Bonne journée ! »

Mardi, troisième jour : Flash sort de la douche et me trouve assise en peignoir, sur le bord du lit, image vibrante du désespoir.

— Que se passe-t-il ? s'enquiert-elle avec précaution.

— Je n'ai rien à me mettre.

— Oh, c'est juste ça ?

Cela ne la trouble pas vraiment puisqu'elle entend cette phrase dans ma bouche au moins une fois par jour.

— Allez viens. Je vais t'aider à choisir quelque chose.

Elle ouvre mon armoire et doit y regarder à deux fois : des cintres, des dizaines de cintres à perte de vue. Vides.

— Ma puce, dit-elle doucement, où sont passés tes vêtements ?

Je gémis d'une voix misérable :

— Ils sont partis.

— Ils sont partis où ?

— À l'Armée du Salut. Je n'en aimais plus aucun.

Flash me fixe d'un air stupéfait.

— Aucun ? demande-t-elle.

— Aucun. Sauf ça.

Je me dirige vers ma commode et en retire une combinaison pantalon moulante en velours noir, achetée sur un coup de tête et que je n'ai jamais osé porter en public.

Flash me force à la mettre et nous conduit jusqu'à l'Armée du Salut. Je rachète ma garde-robe complète en constatant avec plaisir qu'elle bénéficie d'une remise spéciale de 50 %. Je suis radieuse :

— Regarde moi toutes ces fringues géniales ! Et j'ai pu les avoir pour trois fois rien !

Mercredi, quatrième jour : Le réveil sonne et Flash ouvre les yeux : elle me découvre allongée sur les couvertures, enveloppée dans du film alimentaire, une rose rouge entre les dents.

— D'humeur câline ? demande-t-elle.

Je bats des cils en guise de réponse.

— Chérie, il faut que j'aille travailler.

Je fais la moue pendant qu'elle réfléchit.

— Tu sais quoi ? Je reviens pour déjeuner. Promis.

Mais quand elle enjambe les marches du perron à midi une précise, elle me retrouve en larmes devant le miroir de la salle de bains.

— Qu'est-ce qu'il y a encore ?

— Mes sourcils ne sont pas au même niveau, dis-je en montrant mon reflet. Mon front part vers l'arrière. Mon nez n'est pas centré. Mon visage est complètement tordu.

— Ne dis pas de bêtises. Tu es superbe.

Elle s'avance pour me prendre dans ses bras.

— Ne me touche pas !

Je m'enfuis de la pièce. Flash court après moi, en agitant un mouchoir en papier blanc en guise d'offrande et en signe de capitulation.

Jeudi, cinquième jour : Flash revient du travail et trouve une étrangère assise sur le canapé.

— Bonjour, dit-elle. Avez-vous aperçu ma femme ?

— C'est moi ta femme, dis-je. Qu'est-ce que tu penses de ça ?

Le « ça » fait référence à mes cheveux. Hier, ils étaient bruns, frisés et faisaient des anglaises jusqu'au milieu de mon dos. Aujourd'hui ils sont blonds, longs d'un centimètre, coupés en brosse comme celle que mon frère a dû supporter pendant ses années de lycée. Flash passe ses doigts sur le hérisson et demande, eternelle optimiste :

— Rassure-moi, c'est une perruque ?

— Tu n'aimes pas ! dis-je les yeux toujours prêts à se remplir de larmes.

— Si, c'est très mignon.

Elle tente de s'enthousiasmer :

— J'ai toujours rêvé de faire ça avec une blonde décolorée.

À peine a-t-elle prononcé ces mots qu'elle les regrette. Je me jette sur son cou.

Des heures plus tard, après avoir entendu 4357 « excuse-moi Lesléa », je lui pardonne et l'autorise à m'emmener au centre commercial où je découvre un champ inexploré d'accessoires : les chapeaux.

Dans la soirée, les conséquences de mon geste me sautent à la figure. Contrairement à ce qui s'est passé avec mes vêtements, je ne peux pas racheter mes cheveux, même à moitié prix. Flash essaie de me réconforter.

— Ils repousseront, m'assure-t-elle. Promets-moi seulement que tu ne te feras rien percer ni tatouer.

Je le lui promets, mais juste pour en avoir le cœur net, Flash m'oblige à lui donner mon argent liquide et mes cartes de crédit jusqu'à la fin de cette semaine.

Vendredi, sixième jour : Les choses se corsent. J'ai pleuré sur des publicités à la télé et j'ai mangé des chips enrobées de chocolat toute la matinée. J'ai un bouton sur le menton qui a la forme et la taille du Canada. Mes seins sont tellement énormes que je les ai baptisés Gégé et Momo — diminutifs de généreux et monumental. J'ai mis du vernis rouge salope sur mes ongles. Soudain j'ai très envie de porter un pantalon blanc même si le jour des Morts au champ d'honneur est encore loin. Je m'approche de mon armoire mais Flash y a posé un cadenas. Je tente de l'appeler au travail mais je suis incapable de me souvenir du numéro. Je raccroche et laisse tomber le combiné sur mon pied. Il ne me reste plus qu'à faire la sieste. Je rêve que je me noie dans une bouteille de sauce spaghetti Sockarooni de chez Paul Newman.

Samedi, septième jour : Mes « amis » débarquent — selon ma mère, c'est ce que disent les filles biens. Flash et moi sommes aux anges. Nous trinquons à ma réussite comme si j'avais obtenu un à-valoir à six chiffres. Maintenant que j'ai retrouvé mon amabilité habituelle, je présente mes excuses à Flash pour mon attitude. Je lui promets que ce sera mieux le mois prochain. Elle ne me crois pas.

— Nous avons déjà vécu cela soixante-douze fois, me dit-elle.

— Oh, allez ! Je ne suis pas toujours si terrible.

— C'est vrai. Parfois tu es encore bien pire.

Je lui rappelle qu'elle en porte l'entière responsabilité. Si elle consentait à me révéler le secret de la ménopause, nous n'aurions pas à subir cela chaque mois. Mais elle s'y refuse.

— Quand tu seras plus vieille, promet-elle. Tu en as encore pour une décennie.

J'espère que nous y survivrons toutes les deux.

Je m'en balance

Je suis au rayon arts de la table de *J.C Penney,* à tenter de convaincre Flash qu'une théière en forme de machine à écrire est un objet dont je ne peux plus me passer, quand un cri perçant, assez puissant pour ébranler le faux cristal rangé devant nous, nous perfore les tympans.

— Pauvre gamin, murmure Flash.

Je murmure en réponse « Pauvre mère » , montrant clairement où va ma sympathie.

Les cris, mélangés à des sanglots, sont de plus en plus forts et de plus en plus proches. Tout à coup, un enfant, haut comme trois pommes, surgit dans notre rayon, noue ses petits bras autour de Flash et se cramponne à elle comme à une bouée. Je dois reconnaître que ce gosse a de l'instinct : la jambe de Flash est la première chose que j'agrippe lorsque je suis moi aussi terrorisée.

Flash et moi échangeons un regard, puis baissons les yeux sur son nouvel appendice, soudain muet. Flash essaie de faire un pas mais le bambin, qui après une inspection plus précise s'avère être de la gent masculine, s'est lié de façon permanente à la jambe du pantalon avec un entêtement typiquement Velcro.

— Eh, tout va bien, dit Flash, en caressant les cheveux noirs de jais. Laisse-moi te porter.

— Porter !

Le petit garçon lève les bras et regarde sa déesse avec un respect teinté d'admiration et de bonheur. J'ai vu un tel regard seulement une fois au cours de ma vie : dans les yeux de Flash le soir où nous avons assisté à *Angels in America* et où elle a aperçu Martina dans le public.

Elle soulève le petit chérubin qui instantanément blottit sa tête dans le creux de son épaule. Je suis tentée de lui taper dans le dos et de lui dire « Excuse-moi, *tateleh,* cet endroit est réservé » mais je me ravise. Car non seulement le bambin est aux anges, mais ma bien-aimée l'est aussi. Elle a ce balancement d'avant en arrière qu'ont toutes les femmes dès qu'on leur met un poupon dans les bras.

Toutes les femmes sauf votre serviteur à vrai dire. Je pensais que ce bercement était un phénomène instinctif, du genre : on vous met de la nourriture dans la bouche, vous avalez. On vous lèche la nuque, vous vous liquéfiez. On vous met un bébé dans les bras, vous bercez. Je ne berce pas. Je me fige.

La première fois que cela s'est produit, j'étais avec mes amies Sal et Val, qui m'avaient invitée pour me montrer leur bébé, Gal.

— Tu ne veux pas la prendre un peu ? ont-elle demandé en me tendant un paquet de couvertures avec quelque chose de chaud et d'indistinct à l'intérieur.

— Qu'est-ce que je dois faire ?

— Détends-toi, m'ont-elles dit en chœur, en voyant que mon corps s'était raidi, comme l'Homme en fer-blanc dans *Le Magicien d'Oz* avant de grincer « bidon d'huile ! » et de recevoir sa lubrification de Dorothy.

J'ai essayé de me détendre. J'ai réellement essayé. J'ai essayé si fort que j'ai attrapé une crampe. Gal, qui n'était pas tombée de la dernière pluie, a senti le danger et s'est mise à hurler à plein régime. Je l'ai rapidement rendue à ses deux mamans, à la fois soulagée et désolée de voir mes soupçons persistants confirmés : j'ai autant d'instinct maternel qu'une raquette de tennis.

Flash, au contraire, est née pour bercer. Et gazouiller. Et câliner. Je l'observe avec le gamin pendant un moment puis je m'éclaircis la voix.

— Et maintenant, mon amour ?

Flash ne comprend pas que c'est une vraie question. Elle prend cela pour une suggestion et commence à chanter avec la passion d'un Franck Sinatra jeune. Son bercement se transforme en une sorte de fox-trot tandis qu'elle danse avec sa petite merveille entre les rayons de *JC Penney*, comme si ni l'un ni l'autre n'avaient le moindre souci. Quand ils reviennent se dandiner près de moi, je tape sur l'épaule du gamin.

— Puis-je vous interrompre ?

Il me jette un regard et hurle de terreur.

— Tout va bien, dit Flash, en rassurant son bout de chou. Elle aboie plus fort qu'elle ne mord.

Trêve de plaisanterie.

— Flash, que va-t-on faire de lui ?

Je l'interroge d'un air sévère comme si l'enfant était un chiot et Flash une enfant.

— Nous ne pouvons pas le garder. Nous ferions mieux de le rapporter au service clients.

Je parle maintenant du gosse comme d'un couvre-lit qui aurait rétréci au lavage.

— Allez J.C, dit Flash.

Je présume que ma catholique non pratiquante a baptisé son petit chéri d'après le nom du magasin où nous l'avons trouvé et non d'après un charpentier juif. Nous entrons dans le rayon suivant et nous tombons sur papa qui s'agite au milieu des baromètres, les cheveux noirs de jais au vent.

Je lui touche le bras :

— Excusez-moi. Il est à vous ?

L'homme se jette sur Flash et récupère son fils.

— Merci beaucoup, lance-t-il en se sauvant à toutes jambes.

J.C., à présent posé sur le dos de son père comme un sac de patates, relève la tête pour adresser un long regard à Flash. Ils se font un signe de la main tels deux amants maudits, puis il disparaît.

Plus tard dans la soirée, Flash et moi parlons bébés.

Est-ce que nous en voulons un ou non ? Flash, qui a toujours le sens pratique, déclare que nous n'en avons vraiment pas les moyens. De plus, elle a déjà cinquante ans, c'est donc à moi seule de décider. Et moi, je n'ai jamais eu envie d'avoir un enfant. Malgré trente années et des poussières de conditionnement juif hétérosexuel qui m'ont convaincue que mon manque de désir d'enfanter signifiait que quelque chose ne tournait pas rond chez moi.

Je décide d'aborder le sujet chez ma psy.

— C'est drôle que vous me parliez de ça cette semaine, me dit-elle. Je voulais justement vous dire que j'allais prendre un congé de maternité au printemps prochain.

— Vous êtes enceinte ?

Je l'interroge en fixant son ventre encore plat, auquel le mien n'arrivera jamais à ressembler. J'ajoute :

— Vous ne croyez pas que vous poussez un peu loin cette histoire de transfert ?

Elle hoche la tête pensive, en faisant légèrement balancer son corps d'avant en arrière, puis elle me demande ce que je ressens à propos de *sa* grossesse. Honnêtement, je me sens comme une idiote à la payer un dollar la minute pour parler de *sa* grossesse. Et la mienne alors ?

Elle me suggère de dresser la liste de toutes les raisons qui me pousseraient à vouloir un bébé et de l'apporter la semaine prochaine. Je quitte la séance satisfaite : j'adore quand elle me donne des devoirs. J'ai l'impression que cela me mène à quelque chose.

Le soir même, j'écris ma liste.

« *Les raisons pour lesquelles j'ai envie d'un bébé :*

1. *J'aurai quelqu'un pour s'occuper de moi quand je serai trop âgée.*
2. *Je pourrai l'habiller avec des ensembles super mignons de chez* JC Penney.
3. *Pour remplacer PC qui nous surveille maintenant depuis le paradis des chats.*

4. Ça me donnera un nouveau thème pour écrire un livre.
5. Parce que ma psy va en avoir un. »

— C'est lamentable, dit Flash en regardant par-dessus mon épaule.

Je retourne chez la psy la semaine suivante, le cœur gros.

— Vous pensez que ces raisons sont valables ?

— Pourquoi est-ce si difficile d'accepter le fait que vous ne voulez pas d'enfant ?

Comme d'habitude, elle répond à ma question par une question. Je tente de la distraire par une question à son sujet mais cela ne marche pas.

— Pourquoi voulez-*vous* un enfant ?

— Pourquoi voulez-vous savoir pourquoi je veux un enfant ?

Elle ramène le propos à moi. Mais moi aussi, je peux jouer à ce jeu-là.

— Pourquoi voulez-vous savoir pourquoi je veux savoir pourquoi vous voulez un enfant ?

Elle ne répond pas. De toute évidence, cela ne nous conduit nulle part. Je la fusille du regard. Elle est assise, parfaitement immobile, attendant que je dise quelque chose. Puis elle commence à se balancer. Je m'écrie :

— Allez-vous arrêter ?

— Arrêter quoi ? interroge-t-elle.

— Ce balancement ! Vous bercez, Flash berce, tout le monde berce sauf moi !

— Notre temps est presque écoulé, dit-elle, un sourire mielleux à la bouche, en tendant la main pour recevoir mon chèque.

De retour à la maison, je raconte ma séance à Flash.

— *Ze* crois *zavoir* où est le *broblème,* me dit-elle en imitant le Dr Freud. Ne bouge pas, je reviens.

Je l'entends sortir sa voiture de l'allée, me laissant me débrouiller seule. Je décide de me détendre et de regarder un film à la télévision, mais les seuls choix possibles sont *Rosemary's Baby* et *Maman très chère.* Est-ce un message envoyé par la Déesse pour me dire que si je décidais d'avoir un enfant, il grandirait et deviendrait une diablesse qui écrirait des mémoires intitulées *Maman très barge* ?

Tandis que je réfléchis à cette question, Flash revient et me bannit dans la chambre. J'entends des bruits de marteau. Finalement je suis autorisée à entrer dans le salon, où ma chère et tendre vient d'assembler un rocking-chair en imitation chêne.

— Essaie-le, suggère-t-elle, plutôt contente d'elle.

Je m'assieds prudemment. Couscous saute sur mes genoux et se met à ronronner. Je me penche en arrière. Mes pieds touchent le sol. Mes orteils donnent une légère poussée.

Le problème est résolu. Je me balance jusqu'à plus soif.

Ma petite *femme*

Maintenant qu'il est clair pour moi que je n'ai pas la fibre maternelle, une idée m'est venue. Je vais être une tatie lesbienne. Il existe sûrement un couple de mamans privées de sommeil et de sexe qui feraient volontiers une pause. Un duo qui serait ravi de me prêter sa progéniture un après-midi entier afin que je puisse satisfaire mon désir de jouer avec un enfant pendant qu'elles satisferaient leur désir de jouer l'une avec l'autre.

Je consulte mon répertoire et appelle Sal et Val.

— Ça vous dirait que je passe un peu de temps avec Gal ?

— On arrive tout de suite ! crient-elles avant que je n'aie la possibilité d'ajouter « Jeudi prochain, ça irait ? »

Heureusement elles habitent à la campagne et il leur faudra environ quarante minutes pour rallier Lesbianville. Ça me laisse le temps de préparer la maison: je dois placer notre baromètre hors d'atteinte, dissimuler le dernier numéro de *On Our Backs* et, le plus important, convaincre Flash de prendre sa journée et de jouer à la nounou avec moi.

Je téléphone à Flash mais, manque de chance, elle n'est pas au bureau.

— Elle est rentrée déjeuner à la maison ? dis-je, pleine d'espoir.

— Non, répond sa patronne. Elle est en rendez-vous à l'extérieur. Elle sera absente une bonne partie de la journée.

En d'autres termes, me voilà seule. Ce qui n'est pas si mal, je suppose. C'est juste que Gal est un garçon manqué et ça, c'est vraiment le rayon de Flash. Vous comprenez, Sal et Val sont résolues à ce que Gal ait l'enfance dont elles ont été privées. Toutes les deux ont été obligées de s'habiller en robe, de jouer à la poupée, de porter des petits sacs à main, quand leur souhait était de s'habiller en salopette, de jouer aux voitures, de porter des petites tronçonneuses. Ce qui ressemble à peu près à ce qu'elles font maintenant et à ce que Gal fait aussi.

J'allume *Sesame Street* pour trouver de l'inspiration et avant que Bert puisse dire « Tu veux jouer avec mon canard en plastique, Ernie ? », la sonnette retentit.

— Salut, disent Sal et Val en chœur.

Elles sont incroyablement enjouées, comme deux personnes qui viennent de gagner à la loterie.

— Nous avons apporté deux trois bricoles, dit Sal, au cas où Gal aurait envie d'un en-cas.

Elle pose sur la table de la cuisine l'équivalent d'une semaine de nourriture.

— Voyons voir. Il y a des gâteaux de riz, du pain complet, du beurre de cacahuète biologique, de la confiture de framboises sucrée à l'orge maltée, des céréales au tofu, du soda au ginseng...

— Et voilà quelques vêtements supplémentaires, dit Val en ouvrant un sac de sport plus gros que la valise que je prends pour un séjour d'une semaine. Tu y trouveras des culottes, des maillots de corps, des jeans, des pulls, des chaussettes, des chaussures, des baskets, un bonnet, des moufles...

— Des moufles ?

Il fait 30 degrés dehors. Pourquoi aurait-elle besoin de moufles ? Soudain, j'ai un accès de panique. Sal et Val sont-elles en train d'abandonner Gal et de partir pour commencer une nouvelle vie sans enfant ? À propos de leur petite fille chérie, où est-elle passée ?

— Gal ? Je passe la tête dans le salon. Gal ?

— Amusez-vous bien toutes les deux !

Sal et Val se dépêchent de déserter pendant que je pars à la recherche de ma camarade de jeu, modèle réduit. Je cours dans le salon, dans la salle à manger, dans la chambre.

Juste au moment où je suis sur le point de renoncer et d'appeler la police, j'entends un grognement sourd en provenance du placard de Flash. J'ouvre la porte brusquement et je tombe sur Gal en compagnie de Couscous, la chatte qui a la réputation d'intimider les dobermans adultes en montrant une seule griffe, recroquevillée dans un coin, agitant la queue, le poil hérissé. Tous mes doutes au sujet de mon instinct maternel s'évanouissent quand la lionne en moi relève sa crinière et éloigne la pauvre petite du danger qui la menace.

— Elle t'a fait peur, ma puce ? Est-ce que ça va ?

J'interroge Couscous tout en vérifiant si elle n'a pas de plaies. Elle gronde en guise de réponse, accroche mon bras où perle bientôt une goutte de sang.

— Je te conseille de rester dans le placard, dis-je.

Une phrase que j'ai juré de ne jamais dire à personne.

Je dépose Couscous sur le pull préféré de Flash et repars à la recherche de Gal.

Je la trouve dans le salon.

— Livres, dit-elle fièrement.

Elle montre du doigt la centaine de volumes qu'elle a réussi à faire tomber des étagères, parmi lesquels une première édition dédicacée de *Tender Buttons* de Gertrude Stein, que j'espérais vendre un jour une fortune pour assurer ma retraite.

— Tu veux écouter une histoire, Gal ?

J'imagine un après-midi lascif dans le rocking-chair, Gal sur les genoux, à regarder des livres avec des images. Rêve, fillette ! Je découvre très vite que Gal est une enfant des années 90 : elle a le degré d'attention d'un colibri sous amphétes. Après seulement la moitié d'une phrase, elle aboie « Suivante ! » et écarte chacun des livres, si bien que j'en viens à enchaîner ce qui suit : « Il était une fois Mary qui était majorette et qui s'entraînait nue avec le bâton de son voisin. »

Oups ! Passons à autre chose.

— Eh Gal, tu veux dessiner ?

Je sors la peinture que Flash et moi utilisons pour confectionner des pancartes pour le jour de la Gay Pride et en deux temps trois mouvements, les murs, le sol, le canapé et mes vêtements sont couverts d'une teinte orange vif fluorescent. Où avais-je l'esprit ? Gal s'est débrouillée je ne sais comment pour loger une tache en forme de Big Bird au plafond alors qu'elle ne dépasse pas 90 cm de haut.

Quoi d'autre ? Je me creuse les méninges.

— Eh Gal, si on fabriquait des colliers de nouilles ?

Elle se rue dans la cuisine où je dispose des lacets et des macaronis. Trente secondes plus tard, Gal n'est plus intéressée et le sol est jonché de pâtes qui, je le découvre, sont très glissantes et produisent des craquements insupportables sous les semelles.

Et maintenant ? Je lui donne des pois chiches enrobés de caroube pendant que je réfléchis. Vingt-cinq minutes seulement se sont écoulées depuis que Sal et Val se sont enfuies. Comment allons-nous occuper tout l'après-midi ? Je décide de nous éloigner de la maison avant que la tornade Gal ne fasse encore des dégâts.

— Eh Gal ! dis-je en épongeant le lait de soja à la framboise qu'elle a renversé, tu veux aller au parc ?

— Hourra ! crie-t-elle en se dirigeant vers la porte.

— Une minute !

Je la rappelle. Gosse ou pas, je ne sors pas d'ici sans boucles d'oreilles et une pointe de rouge à lèvres.

Gal entre dans ma chambre en courant pour voir ce qui me retient si longtemps.

— Ooh, joli !

Elle s'arrête net et se tient immobile pendant deux secondes et demie, ce qui est, j'en suis sûre, un record du monde.

— Moi ? fait-elle en montrant mes boucles d'oreilles. Pour Gal ?

— Tu veux mettre des boucles d'oreilles ? lui dis-je. Voyons voir ce que l'on peut te trouver.

Je prie pour qu'il me reste des clips en ouvrant un autre tiroir. Je vois que Gal se pâme d'admiration devant ma collection de diamants fantaisie.

Brusquement, la lumière se fait. De toute évidence, au plus profond de son cœur, Gal est une *femme*. Dans leurs efforts pour lutter contre les stéréotypes de genre, Sal et Val n'ont pas pensé que leur petite fille pourrait aimer les bijoux, le maquillage et, comble de l'horreur, la couleur rose.

— Pauvre enfant, dis-je tandis que Gal enfile un collier. Je parie que tes mamans ne t'ont jamais montré comment appliquer du crayon correctement.

Gal secoue la tête et ses yeux se gonflent de larmes. Soudain le rythme de l'après-midi est chamboulé. Si j'en crois ma montre, les mamans seront de retour dans trois heures et il n'y a pas un moment à perdre.

D'abord une visite de mon placard s'impose. Gal se dirige directement vers mes chaussures à talons compensés léopard et la toque assortie. Je la félicite :

— Excellent choix.

Ensuite elle plonge dans ma boîte à bijoux. Je l'instruis :

— Un peu d'attention. Ça, ce sont des zircons et ça, des diamants. Maintenant ferme les yeux.

Elle s'exécute et j'intervertis les bijoux.

— Où sont les diamants ?

Elle choisit sans se tromper. Je la récompense par un soin du visage et un maquillage complet.

— Joli, fait-elle en se regardant dans le miroir. Ongles ?

Elle montre les bouts rouges de mes doigts.

— D'accord, Gal, dis-je en sortant la trousse à manucure, mais quand j'aurai fini, tu dois rester assise sans bouger un long long moment pour que tes ongles sèchent correctement. Tu penses que tu en es capable ?

Elle hoche la tête avec enthousiasme. Je peins ses vingt ongles minuscules puis je la plante sur le lit.

— Maintenant tu attends ici quelques minutes puis je reviens voir si c'est sec.

Tandis que le vernis durcit, je replace les livres sur les étagères, frotte les murs et récupère un kilo de pâtes sur le sol de la cuisine. Elle est toujours sagement assise quand je retourne vérifier ses doigts une demi-heure plus tard.

— Laisse-moi ajouter une dernière couche et je te raconterai mon histoire préférée pendant que ça sèche. Ça s'appelle « La Belle et la *Butch* ». Il était une fois...

À peine ai-je fini l'histoire que j'entends frapper à la porte. Je guide les mamans jusqu'à nous.

— Entrez, nous sommes dans la chambre !

Sal et Val se ruent à l'intérieur, leur mine radieuse se glace d'effroi à la vue de leur fille.

— Qu'est-ce que tu lui as fait ? s'écrie Val.

— J'espère que ce maquillage n'a pas été testé sur des animaux ! hurle Sal.

Elle attrape Gal qui éloigne ses mains, en criant « Non ! » de toutes ses forces. Je remarque que le ton de sa voix est semblable au mien quand Flash s'approche de moi après une manucure qui n'est pas encore sèche et mon visage ne peut s'empêcher de rayonner de fierté.

— Allez Gal, on s'en va, dit Sal en rassemblant la nourriture tandis que Val cherche les chaussures de la petite.

Je lance sur le perron :

— N'oublie pas Gal, on se fait faire nos couleurs au centre commercial mardi prochain.

— Au centre commercial ?

Sal et Val sont horrifiées.

— Regarde, dit Gal en montrant ses ongles à ses mamans.

— Ne gâche pas ton vernis (je lui adresse un signe de la main). Au revoir, Gal.

— Bye-bye !

Elle agite son bras joyeusement, les doigts écartés avec précaution, une *femme* dans toute sa splendeur.

On n'est vraiment bien que chez soi

Ah ! Nous voilà parties, seulement nous deux, ma chérie et moi, pour des vacances bien nécessaires et bien méritées. Je suis sûre que tu es, chère lectrice, verte de jalousie à m'imaginer avec Flash, nous reposant sur une plage déserte, nous promenant main dans la main, nous embrassant sous un coucher de soleil. Et bien, remets-toi, chère amie. Nos vacances ne ressemblent en rien à une publicité pour United Airlines. En réalité, je n'ai jamais été autant stressée de toute ma vie.

La tension est née il y a quelques semaines quand nous avons commencé à faire des projets. Premièrement, il est très difficile pour moi d'obtenir une semaine entière de congé. Ma patronne est une vraie garce. Plus précisément, je suis ma propre patronne. La plupart des gens ne comprennent pas pourquoi je ne prends pas simplement une semaine, voire une semaine et demie de repos — Dieu m'en garde ! Les seuls qui comprennent sont des masochistes qui travaillent à leur compte comme votre serviteur. Nous travaillons pour nous parce que nous sommes des êtres ennuyeux, détestables, égocentriques, impossibles à fréquenter et qui ne pensent qu'à leur travail. Je vous le prouve : cette chronique est censée aborder le thème des vacances. Jusqu'à présent, elle n'a abordé que celui du travail. Il est facile d'imaginer quel genre de bout en train je suis lorsque je me trouve loin de chez moi.

Flash parvient à convaincre ma patronne de me laisser prendre une semaine de congé en brandissant son sécateur dangereusement près des branchements du fax. Je sors mon agenda et nous comparons nos emplois du temps. Nous ne pouvons pas partir pendant la saison de softball, ce qui élimine juin et juillet. Nous ne pouvons pas partir quand j'attends mes règles — nous avons douloureusement compris la leçon — ce qui évacue la dernière semaine d'août. Nous ne pouvons pas partir le premier week-end d'août parce que c'est l'anniversaire de notre chat Couscous et nous ne pouvons pas partir la deuxième semaine d'août parce que j'ai un rendez-vous chez le dentiste, pris depuis 1989. Ça nous laisse la troisième semaine.

— Super, dit Flash. C'est réglé.

La question suivante est, bien entendu : Où aller ?

Nous sortons les catalogues. Maintenant les choses commencent vraiment à être crispantes. Flash doit me persuader moi, un écrivain free-lance qui ne sait jamais d'où viendra son prochain salaire, de dépenser deux fois le prix de notre loyer pour une chambre d'hôtel. En d'autres termes, je devrais débourser 1200 dollars pour rester dans une petite chambre une semaine au lieu de 600 dollars pour vivre dans six grandes pièces pendant un mois. Oh, excusez-moi : pas au lieu de, en plus de !

Flash résout le problème en dénichant un petit bungalow sur les côtes du Maine.

— C'est vraiment pas cher, me fait remarquer Flash. Et il y a une kitchenette. Ça nous coûtera trois fois rien. Nous n'irons pas au restaurant sauf à l'occasion d'un dîner romantique et sympa. Le reste du temps, tu feras la cuisine.

Je ferai la cuisine ? Je déteste faire la cuisine. Je ne le fais même pas chez moi. Pourquoi voudrais-je cuisiner en vacances ?

Certains disent que d'imaginer ses vacances à l'avance constitue déjà une bonne partie du plaisir.

Durant des semaines, ces gens étudient les brochures, préparent leurs activités, se vantent auprès de leurs amis du bon temps qu'ils vont prendre. Ces gens sont fous. N'ont-ils pas une vie par ailleurs ? Des semaines avant notre départ, je suis une loque. Je dois écrire quatre chroniques et trois critiques de livres. Je dois corriger les épreuves de mon nouveau recueil de nouvelles et dresser une liste de conférences à donner à l'automne. Je dois contacter mes éditeurs, mes rédacteurs en chef, mon agent, mon avocat, ma psy, mon coiffeur, mes amis — bref, tout le monde sauf mes parents — pour qu'ils sachent où me joindre du 18 au 25 août. De plus, toutes les choses que je reporte depuis des mois m'apparaissent soudain des plus importantes : je ne peux absolument pas partir sans aller chercher la jupe qui est au pressing depuis janvier, ou avant d'envoyer un mot à tante Potin pour la remercier de nous avoir offert une pendule en forme de *bagel* pour notre anniversaire d'il y a deux ans. Flash me regarde courir de part et d'autre, en tournant la tête de gauche à droite comme si elle assistait à un match de Martina.

— Est-ce que tu vois à quel point tu es stressée ? me dit-elle. Tu as besoin de vacances.

— Si je ne partais pas en vacances, je ne serais pas stressée !

Bientôt, c'est l'heure de faire les bagages. Les experts en la matière conseillent d'étaler tous les vêtements dont vous pensez avoir besoin et d'en garder la moitié. Je prends le contre-pied : j'étale tous les vêtements dont je pense avoir besoin et j'en choisis deux fois plus. À quoi sert d'être en vacances et de vous rendre à votre unique dîner romantique vêtue de la robe parfaite et de chaussures inadaptées ? Ce n'est pas ainsi que j'envisage les moments de détente.

En plus de nos vêtements, Flash et moi emportons notre attirail de plage : des serviettes de plage, des couvertures de plage, des ballons de plage, des chaises de plage, une radio, de la crème solaire, de l'écran total, des chapeaux, des lunettes de soleil, des glacières, des cantines et juste pour les apparences, un Frisbee.

— N'oublie pas de prendre de quoi lire sur la plage, me rappelle Flash en choisissant un gros roman.

J'empile ma lecture : *Publishers Weekly, Feminist Bookstore News, Lambda Book Report, The Harvard Gay & Lesbian Review*. Flash secoue la tête, impressionnée par ma capacité à oublier mon travail et ainsi pouvoir apprécier mes vacances.

Le matin du départ arrive. Flash charge la voiture. Mitzi, qui se lève tôt pour arroser ses haies et observer ce qui se passe dehors, nous interpelle :

— J'ignorais que vous déménagiez !

Avant de partir, je donne à Raven qui garde notre maison, des instructions de dernières minutes.

— Bon, souviens-toi que Couscous aime qu'on la caresse sur la tête en petits cercles dans le sens inverse des aiguilles d'une montre, comme ceci (je fais la démonstration sur sa propre tête). Pas comme ça (je change de sens).

— J'ai compris.

— Et tu peux manger tout ce que tu veux, mais si tu veux un œuf, tu devrais vérifier avant, tu vois, en le plongeant dans de l'eau salée pour savoir s'il est frais. Je crois que les œufs frais flottent et les mauvais coulent. Ou bien c'est le contraire ?

— Je trouverai, m'assure-t-il.

— Et n'oublie pas d'éteindre le gaz avant de sortir, dis-je alors que Flash me pousse dans la voiture.

— Je ne suis pas complètement idiot, me rappelle-t-il une fois de plus.

Tandis que Flash recule dans l'allée, je lui lance encore :

— Je t'ai laissé des consignes sur la table de la cuisine.

— Ce sont les consignes ? crie-t-il en agitant le bras. J'ai cru que c'était la deuxième version de ton troisième roman !

Enfin nous arrivons à notre confortable petit — et je dis bien *petit* — cottage. L'endroit, tout mignon qu'il soit, est si exigu que je peux m'asseoir sur le lit, ouvrir le frigo et tirer la chasse d'eau en même temps. Mais cela n'a pas d'importance. Nous voilà toutes les deux seules, loin du téléphone, du fax, du courrier, du stress. Qu'est-ce qu'une fille pourrait vouloir de plus ?

Plein de choses. Pour commencer, un miroir, pour que je ne sois pas obligée de me regarder dans le grille-pain pour vérifier si mon rouge ne déborde pas. Une télévision, qui n'est pas comprise dans le prix, ce que Flash a commodément « oublié » de mentionner. Un téléphone, même si je suppose qu'il ne servirait à rien puisque je sais déjà qu'il n'y a pas de *room service*. Flash fait le lit puisqu'il n'y a pas non plus de femme de chambre, et nous plongeons dans un profond sommeil.

Le lendemain matin, ma bien-aimée se lève en même temps que les oiseaux.

— Écoute l'océan, dit-elle. Respire le bon air.

Elle me regarde, les yeux affamés :

— Qu'est-ce qu'il y a pour le petit déjeuner, chérie ?

— Des Pop-Tarts.

— Des Pop-Tarts ?

— Des Pop-Tarts. Enrobés de chocolat ou au sucre roux et à la cannelle.

Elle ne peut dissimuler sa déception, mais, résolument optimiste, elle demande :

— Qu'est-ce qu'il y a pour le déjeuner ?

— Des milk-shakes Slim Fast. Vanille ou fraise.

— Je préparerai le dîner, annonce-t-elle.

Je savais qu'il ne lui faudrait pas longtemps pour comprendre.

Elle part et, à ma grande surprise, revient avec trois homards vivants dans un sac.

— Tu vas les manger ?

Est-ce la même femme qui sort de ses gonds si je lui demande de tuer une araignée ? La même femme qui accompagne les papillons de nuit et les insectes dans notre appartement, jusqu'à la sortie, trois étages plus bas en les remerciant d'être venus nous rendre visite ? Cette membre à vie de Greenpeace va jeter trois créatures vivantes dans une marmite d'eau bouillante ?

— Pauvre Moe, dis-je en restant à distance respectable du sac qui crépite de façon inquiétante. Pauvre Larry. Pauvre Curly.

— Ne t'avise pas de leur donner des noms !

Flash me fusille du regard en posant une marmite d'eau sur la cuisinière. Je me détourne. Je ne peux pas m'en empêcher. Soudain, j'ai l'impression d'être mariée à Hannibal Lecter. Quand les homards sont prêts, je refuse de les manger et me contente de macaronis en forme de dinosaures et de fromage. Ni l'une ni l'autre n'apprécions notre dîner et nous allons nous coucher sans faire l'amour sauvagement et délicieusement, ce qui, en ce qui me concerne, est avant tout ma motivation principale pour partir en vacances.

Les choses s'améliorent cependant. Nous nous promenons le long de la plage. Nous ramassons des coquillages. Nous nageons dans l'océan. Nous faisons l'amour. Nous envoyons une carte postale par jour à Raven et à Couscous. Et bien trop vite, il est temps de rentrer.

Nous arrivons à la maison saines et sauves, épuisées par le long trajet. Raven, qui s'est arrangé pour ne pas brûler la maison pendant notre absence, nous accueille sur le perron avec une pile de 50 kg de lettres, de faxs, de messages téléphoniques, de journaux. À la simple vue de tout ceci, j'ai la chair de poule et ma tension remonte. Je n'ai jamais été aussi heureuse. On n'est vraiment bien que chez soi.

Nuit magique

C'est mardi soir, ma chère Flash est sur le point d'aller au cinéma.

— Tu es sûre que tu ne veux pas voir *Entretien avec un vampire* ? demande-t-elle en enfilant son blouson.

— J'en suis sûre, lui dis-je en lui tendant les clés de voiture. Je ne suis pas intéressée par les vampires, les monstres, les chauves-souris...

— Tu ne veux pas voir si Tom Cruise est aussi mauvais qu'on le dit ?

— Non. Vas-y.

Je l'embrasse et lui indique la porte. Remarquez, ce n'est pas que je souhaite absolument me débarrasser de ma bien-aimée. C'est juste que j'ai rarement une soirée pour moi toute seule à la maison et j'ai de grands projets : le dernier numéro de *People*, une nouvelle teinte de vernis à ongles à essayer, une DoveBar avec mon nom dessus qui m'attend sagement dans le freezer.

J'emmène mon équipement au salon et m'installe. D'abord je sépare mes orteils avec du coton et badigeonne mes ongles avec du fuchsia Femme Fatale. Ensuite je m'allonge sur le canapé avec les pieds surélevés, la télécommande à portée de main et *People* à proximité. Couscous, comprenant par mon accoutrement que je vais rester dans cette position un certain temps, saute sur mon ventre et se pose au milieu de ronronnements de pur plaisir. Ah ! Les filles, ça ne pourrait pas être mieux.

Je ferme les yeux et juste au moment où je commence à me détendre, j'entends un « whoosh ! » au-dessus de ma tête, si près que cela perturbe mon aura. Couscous s'assoit les sens en éveil, les oreilles rabattues sur la tête. Je suis ses pupilles dilatées jusqu'au plafond où quelque chose est en orbite autour du plafonnier à 1500 km/heure, telle une planète shootée. Est-ce un oiseau ? Est-ce un avion ? Non, c'est une chauve-souris !

Je me précipite dans ma chambre en hurlant les bras sur la tête, laissant derrière moi une traînée de boules de coton tachées de fuchsia. Je claque la porte puis l'entrebâille pour jeter un coup d'œil furtif. La chauve-souris est toujours en orbite et Couscous est assise par terre, pivotant la tête à 360° comme Linda Blair dans *L'Exorciste*.

— Cours, Cousy, cours !

J'imite Dorothy dans *Le Magicien d'Oz*. J'ai peur que la chauve-souris, comme ces singes volants terrifiants qui habitent encore mes cauchemars, ne descende en piqué et ne l'emporte Dieu sait où. Toutes les images des films d'horreur de mon enfance défilent dans ma tête. Et si cela ne faisait que commencer ? Et si les chauve-souris envahissaient la place comme dans *Les Oiseaux* ? Comment vais-je m'en sortir ?

Heureusement, le téléphone sans fil est déjà sur son réceptacle de nuit : mon oreiller. Je m'en empare, mais j'ai un instant d'hésitation. Qui dois-je appeler ? Comment Flash a-t-elle pu me laisser dans un moment pareil ? Je pourrais essayer chez Sal et Val mais elles habitent à quarante bonnes minutes d'ici. Mitzi serait inutile, comme moi. Raven pourrait peut-être venir. Il vient de déménager mais le connaissant, je parie qu'il a branché son téléphone avant même de penser à déballer son sèche-cheveux et son gel Paul Mitchell. Je compose son numéro et, Dieu merci, il sonne.

— Eh ! Raven...

— Salut, poupée. Tu dois rappliquer : je viens de poser du papier peint Jackson Pollock sur les étagères de la cuisine et c'est somptueux.

— Écoute Raven...

— J'ai tout aligné de façon parfaite. Tu sais le papier a plein de gribouillis... (Il soupire de plaisir.) Et pour la pédale maniaque et Vierge que je suis, c'est mieux que le sexe. Enfin, peut-être pas mieux mais assurément tout aussi bon. Enfin, peut-être pas aussi bon, mais presque. Quoique, finalement...

— Raven, vas-tu m'écouter ? Ma voix est aussi perçante que celle de Fay Wray dans *King Kong*. Que ferais-tu s'il y avait une chauve-souris dans ta maison ?

Il n'hésite pas une seconde :

— J'appellerais Flash. Pourquoi ?

— Parce ce qu'il y a une chauve-souris dans ma maison et Flash est au cinéma. Est-ce que tu peux venir?

— Pas question. Ils vont livrer mon nouveau canapé dans dix minutes. D'ailleurs, je crois qu'ils viennent de sonner. Rappelle-moi.

Et maintenant ? Il n'y a qu'une seule chose à faire : le 911. Un flic répond et je lui parle de la chauve-souris.

— Madame, cette ligne est pour les cas d'urgence seulement.

— *C'est* une urgence !

J'attrape le dictionnaire que je garde sur ma table de nuit pour ces sales mots de six syllabes qui se faufilent dans mes lectures du soir. J'informe mon interlocuteur.

— Selon le *Webster* ; une *urgence* c'est un événement soudain, inattendu qui nécessite une action immédiate.

Il n'est pas impressionné.

— Appelez les pompiers.

Les pompiers. Bien sûr ! Peut-être enverront-ils une équipe du SWAT ? Je compose frénétiquement le numéro.

— Allô ? J'ai une chauve-souris dans ma maison !

— Oh ! Vous avez une chauve-souris dans votre maison ? me demande le capitaine des pompiers comme si j'avais cinq ans et que je venais de lui dire que j'avais une poupée toute neuve. Quel genre de chauve-souris ?

Quel genre ? Je ne savais pas qu'il en existait plusieurs genres.

— Je ne peux pas vous dire. Je ne me suis pas approchée assez près. Écoutez, pourriez-vous envoyer quelqu'un chez moi, s'il vous plaît ?

— Cela va prendre vingt minutes.

Merci Mon Dieu ! Je raccroche et rappelle Raven, mais cela sonne occupé. Zut ! Raven n'enlève jamais son signal d'appel sauf s'il est en train de faire l'amour au téléphone. Il est probablement avachi sur son nouveau canapé à parler à un jeune mec sexy de son papier peint fraîchement posé.

Il n'y a rien d'autre à faire qu'attendre. Je jette un œil à la chauve-souris qui est toujours en orbite. Couscous s'en est désintéressée et se trouve sur la table basse, à lécher la flaque noire et blanche, vestiges de ma DoveBar.

J'entends enfin la sirène dans la rue et je réalise soudain qu'il faut que je quitte mon refuge pour faire entrer le pompier. Je saisis le couvre-lit et le drape autour de ma tête. Voilà que je ressemble à la femme de Frankenstein. Puis je me précipite dans les escaliers, ouvre la porte et conduis le pompier dans le salon. Et devinez quoi, les amis ? Pas de chauve-souris en vue. Je suis sidérée.

— Elle était là il y a une minute, dis-je au bord des larmes, vous devez me croire.

— Oh, mais je vous crois, répond-il. Elles sont capables de se ratatiner comme ça.

La distance entre son pouce et son index ne dépasse pas trois centimètres.

— Elles adorent se cacher. Elle pourrait être n'importe où.

N'importe où ? Comme dans mon tiroir à sous-vêtements ? C'en est trop. Le pompier arpente la maison dans ses gros godillots, éclairant avec sa lampe torche chaque recoin et fissure. Je le suis de près, serrant mon couvre-chef sous mon menton telle Sœur Mary Hysteria. Mais cela ne sert à rien. La chauve-souris a complètement disparu comme mes espoirs de passer une soirée tranquille à la maison. Il n'est pas question que je reste dans cet endroit avec une bête qui pourrait être planquée *n'importe où*.

— Si vous la voyez, rappelez nous, dit le pompier en sortant.

Je ferme la porte derrière lui et soudain « whoosh !» La revoilà ! Je hurle et m'effondre sur le sol. En deux secondes, le pompier est de retour.

— Vous avez appelé ?

Il lève les yeux, localise l'animal et m'enjambe pour s'approcher.

— Ne lui faites pas peur, murmure-t-il.

Ne *lui* faites pas peur ? Je reste recroquevillée par terre sous le couvre-lit pendant que le soldat du feu amadoue la bestiole.

— Allez viens. Viens donc. On a rien contre toi. Tout va bien. Allez... Je l'ai !

Je relève la tête et constate que macho man se transformer en guimauve.

— Tu es une gentille chauve-souris, câline-t-il. Tu es toute douce. Toute belle. Regarde-toi. Tu ne ferais pas de mal à une mouche.

Il tend la main.

— Vous voulez la voir ?

— Non ! (Je m'affaisse à nouveau.) Sortez cette chose d'ici !

Le pompier demande un sac en papier que je lui fournis avec un plaisir non dissimulé. Au point où j'en suis, je lui donnerais l'alliance de ma grand-mère, ma collection entière de Barbra Streisand, et la précieuse veste en cuir de Flash. N'importe quoi pour qu'il s'en aille. Finalement, il met la chauve-souris dans le sac et tous les deux repartent dans la nuit pour vivre leur histoire d'amour.

Aussitôt après leur départ, j'appelle Raven, énervée :

— Je n'arrive pas à croire que tu te sois dégonflé

tout à l'heure !

— Tu rigoles ! J'ai eu deux érections !

— Tu sais très bien de quoi je veux parler. Un pompier a récupéré le monstre.

— Il était comment ?

— Hideux. Il avait des gros yeux et des ailes répugnantes.

— Je voulais dire le pompier.

— Oh, pour l'amour de Dieu, Raven !

Je renonce et change de sujet.

— Alors il est confortable ce canapé ?

— Comment le saurais-je ?

— Tu n'es pas assis dessus ?

— Ah non. Il est trop beau pour s'asseoir dessus. Je suis assis en face, à le regarder.

— Raven, je dois y aller. Flash est là.

Je raccroche juste au moment où ma bien-aimée entre dans le salon. Elle ramasse une boule de coton fuchsia et se passe la langue sur les lèvres.

— Du sang, dit-elle en prenant sa plus belle voix de vampire. Je veux sucer ton sang.

Elle se penche sur mon cou et je la repousse, ce qui n'est pas ma réaction habituelle.

— Que se passe-t-il ?

— Flash, j'ai failli mourir de peur ce soir à cause d'un monstre.

— Un monstre ? Quel genre de monstre ?

— Une chauve-souris ! Énorme et velue !

— Une chauve-souris. Flash s'esclaffe. Alors qu'est-ce que tu as fait ?

— J'ai appelé Raven puis j'ai appelé la police.

Elle se met à rire franchement.

— Pourquoi as-tu fait ça ?

Tout ça ne m'amuse pas le moins du monde.

— Parce que, je ne sais pas moi, j'ai pensé qu'avoir des testicules était une condition obligatoire pour s'occuper des chauves-souris.

— Alors un flic est venu ?

— Non.

Flash a l'air soulagé.

— Un pompier.

— Un pompier ? Impossible. Je ne te crois pas.

— Mets ta main ici.

Je la prends et la pose sur ma poitrine. Elle enveloppe mon sein droit.

— Non pas *là*. Ici.

Je la place sur mon cœur. Même si la chauve-souris a disparu depuis longtemps, mon rythme cardiaque est toujours élevé. J'ai pris des cours d'aérobic pendant trois ans et mon cœur n'a jamais battu aussi vite.

Mais cela n'impressionne pas Flash.

— Allez, on va se coucher.

Dès que sa tête touche l'oreiller, elle s'endort. Je reste étendue, à fulminer.

Mais le lendemain, je prends ma revanche. En page trois de *La Gazette de Lesbianville*, un gros titre annonce : UN POMPIER SAUVE UNE *FEMME* DES GRIFFES D'UNE CHAUVE-SOURIS AU 44 AVENUE AMAZONE. Le téléphone n'arrête pas de sonner de toute la journée. Des *femmes* m'appellent de loin pour témoigner leur compassion. Des *butches* appellent pour taquiner Flash :

— Alors, on a peur d'une petite chauve-souris ?

— Je n'étais pas chez moi, dit Flash.

— C'est ce qu'on dit, répliquent ses amies.

— Dis-leur toi, me supplie Flash en me tendant le téléphone.

J'hésite. Oui, la revanche serait savoureuse, mais si je ne défends pas Flash maintenant, me protégera-t-elle lorsque le grand frère de la chauve-souris nous rendra visite ? Je confirme ses dires, réhabilitant ainsi son ego et faisant de notre maison un endroit à nouveau sûr.

Visite sur une autre planète

— Le facteur est passé !

Flash monte les marches quatre à quatre, une pile de lettres dans les mains.

— Il y a un courrier de ta tante Potin.

Elle me tend une enveloppe épaisse, où une adresse est écrite avec force boucles, pleins et déliés. C'est à coup sûr une invitation. Avant que j'aie une chance de l'ouvrir, le téléphone se met à sonner. Quelque chose me dit que c'est ma mère.

— Est-ce que tu peux croire que ton cousin Bêta se marie ? demande-t-elle. C'est incroyable !

Même elle ne parvient pas à cacher sa stupéfaction. Mon cousin Bêta est, c'est vrai, plutôt bêta.

— Voilà ce qu'on pourrait faire : Flash et toi arrivez jusqu'ici samedi matin. Nous irons tous dîner chez tante Potin samedi soir et puis dimanche, nous irons au mariage. Qu'en penses-tu ?

Un week-end en enfer, ai-je envie de dire mais je me ravise.

— Et pourquoi on ne pourrait pas juste aller au mariage le dimanche ? s'enquiert Flash quand je lui fais part de ce projet.

— Parce que la dernière fois que nous sommes allées chez tante Potin, nous avons confondu la voie rapide

Golden State avec l'autoroute pour le New Jersey et nous avons atterri à Atlantic City au lieu des abords de Philadelphie. Tu t'en souviens ?

— Bien sûr. Je crois même que j'avais gagné 100 dollars.

— Eh bien c'est le moment de les ressortir, dis-je en tendant la main. Nous devons acheter au cousin Bêta et à sa charmante promise... (je consulte l'invitation) Maria Theresa, un cadeau de mariage.

Quand nous arrivons samedi chez mes parents, notre relation est quelque peu en péril. Flash, persuadée que l'air pur est le moyen d'avoir à la fois la santé, la richesse et le bonheur, a insisté pour que les vitres de la voiture soient baissées pendant la durée du voyage et j'ai râlé tout le long du trajet sur l'état de ma coiffure — le brushing éventé n'est pas ma tasse de thé. Nous décidons d'une trêve au moment de sonner à la porte.

— Une minute, crie ma mère en vérifiant dans l'œilleton si c'est bien nous.

Elle désactive l'alarme, nous pousse à l'intérieur, remet l'alarme en marche avant de nous prendre dans ses bras.

— Vous devez mourir de faim, dit-elle, comme si nous avions fait les 300 km à pied et non en voiture. Passons à table.

Flash monte à l'étage pour se laver les mains.

— Je ferais mieux de l'accompagner, dis-je.

Ma mère m'approuve. La dernière fois que Flash s'est rendue à la salle de bains dans la maison de mes parents, le papier peint rayé orange pétant et argent a provoqué chez elle une migraine immédiate. Et puisque la pièce entière en est recouverte — il y en a sur les murs, au plafond et sur la porte — elle a passé plus d'une heure à essayer de trouver la sortie. Cette fois-ci, elle ferme la porte derrière nous et se dirige vers la fenêtre.

— C'est confiné ici ! s'exclame-t-elle.

— Ne fais pas ça, dis-je. Tu vas déclencher l'alarme.

— Je ne comprends pas, avoue-t-elle en se savonnant les mains. Vous n'ouvrez jamais les fenêtres ?

— Non.

Même si je lui ai expliqué déjà maintes fois, j'explique à nouveau. Durant mon enfance à Brooklyn, nous n'étions pas autorisés à ouvrir les stores et encore moins les fenêtres de l'appartement.

— N'oubliez pas, murmurait ma mère. Si vous pouvez les voir, *ils* peuvent vous voir aussi.

Le *ils* bien sûr faisait référence aux pervers du voisinage qui habitaient au 6e étage et passaient leur vie à guetter pour m'apercevoir en petite culotte et soutien-gorge Cœur Croisé assorti. Quand nous avons déménagé à Long Island, les pervers sont restés mais pas les voleurs. La maison était équipée d'une alarme dernier cri qui se déclenchait presque quand on regardait par la fenêtre. Alors imaginez si on l'ouvrait...

— Tu veux dire que tu as respiré le même air pendant toutes tes années de lycée ? commente Flash en s'essuyant les mains.

Elle hoche la tête pensive, comme si cette situation expliquait beaucoup de choses.

— Mesdames, le déjeuner est servi ! crie mon père.

Nous descendons à la cuisine où ma mère a préparé un petit festin de *bagels*, saumon fumé, et au moins cinquante plats d'accompagnement différents — boulettes de poisson, *kugels* aux pommes de terre, gâteaux de pâtes — qui ont tous le même goût. Les yeux de Flash se noient avidement dans un morceau de ciel bleu à peine visible au-dessus des rideaux.

— J'ai une idée, dit-elle. Mangeons dehors.

— Dehors ? demande ma mère.

— Dehors ? demande mon père.

Ils la regardent comme si elle venait de proposer de manger suspendus à des élastiques au-dessus du Grand Canyon et avec des baguettes.

— Oui, dis-je.

Nous devons apparaître soudées coûte que coûte et donc je la soutiens, par une bonne tape amicale déguisée en coup de pied dans le tibia sous la table.

— Oui, mangeons dehors.

À ma grande surprise, ma mère répond :

— Pourquoi pas ? Chacun se compose une assiette.

Nous circulons autour de la table dans le sens contraire des aiguilles d'une montre et empilons la nourriture. Puis, en grande cérémonie, ma mère coupe l'alarme et ouvre la porte qui donne dans le jardin. Nous paradons un instant avant de nous affaler dans des chaises longues qui gémissent comme si elles n'avaient pas supporté du poids depuis vingt ans.

— N'est-ce pas épatant, s'enthousiasme ma mère en jetant un regard circulaire.

Elle repère les voisins Shmendrick, qui font un barbecue sur leur gazon et leur lance un « Oh-oh !» en agitant le bras. Madame Shmendrick lui répond :

— Coucou ! Nous pensions que vous aviez déménagé. Ce sont vos enfants ?

Ils traversent leur jardin dans notre direction.

— Nous devons partir pour un mariage, dit mon père en nous poussant à l'intérieur. Ça nous a fait plaisir de vous voir.

Rideau pour le grand air !

Peu après nous montons dans la voiture de mon père et nous prenons la route pour le New Jersey, toutes vitres fermées.

— Est-ce qu'on pourrait avoir de l'air ? propose Flash.

— Bien sûr, répond mon père en mettant la climatisation à fond.

À la fin du voyage, Flash a le visage blanc à cause de la fumée de cigarette de ma mère. Tante Potin nous accueille :

— Bonjour, bonjour. Asseyez-vous. Vous devez mourir de faim !

Flash se dirige vers la fenêtre et jette un rapide coup d'œil à l'extérieur à travers les stores, avant de prendre place.

— Dis-moi, murmure-t-elle assez fort pour que tout le monde entende, la voiture de ton père n'avait pas des enjoliveurs ?

La confusion éclate. L'oncle Ballot appelle la police et met le haut-parleur afin que nous puissions suivre la conversation.

— Je téléphone pour signaler la disparition d'enjoliveurs, dit-il.

— Enjoliveurs, vocifère le policier. Est-ce que quelqu'un est mort ?

— Non, mais...

— Vous ne seriez pas un de ces ballots qui nous font perdre notre temps ? hurle-t-il. Ne me cherchez pas Monsieur. Allez racheter vos enjoliveurs demain dans la 22e rue !

Il raccroche avec fracas, imité par l'oncle Ballot.

— N'oubliez pas, murmure Flash, s'*ils* ne peuvent pas nous voir, vous ne pouvez pas les voir non plus...

— Oh tais-toi et mange ton poulet ! lui dis-je.

Après le souper, tante Potin nous donne suffisamment de restes pour nourrir une petite famille nombreuse de 47 personnes et nous conduit à un hôtel non loin de chez elle. Elle repart avec une dernière instruction :

— Je viendrai vous chercher pour le petit déjeuner à 8 h 30.

Nous gagnons notre chambre. Ma bien-aimée tente d'ouvrir les fenêtres qui, naturellement, sont bloquées, puis elle s'effondre. Nous sommes trop fatiguées et repues pour batifoler, mais l'idée de gâcher un lit king-size nous insupporte toutes les deux. Quelque temps plus tard, en guise de cigarette, j'offre à Flash une part de gâteau de Savoie postcâlin. Elle refuse et plonge dans un profond sommeil.

Le lendemain, comme prévu, nous sommes dans le hall à 8 h 30, sur notre 31.

— *Oy vay*, c'est terrible, terrible, gémit tante Potin au milieu de ses toasts.

Je lui demande ce qui est si terrible.

— *Oy gevalt*, le mariage, le mariage, grogne l'oncle Ballot, en repoussant ses *pancakes* dans son assiette.

— Est-ce que cousin Bêta hésite ?

— Non, répond ma mère en indiquant la fenêtre. Regarde, il va pleuvoir. Je leur avais bien dit de ne pas se marier dehors.

— Ils se marient dehors ? s'enquiert Flash tout ouïe.

— Dans le jardin des parents de la mariée, précise tante Potin en faisant les gros yeux. C'était son idée à elle et Bêta l'a suivie.

Je bois une gorgée de café, c'est tout ce que je suis capable d'avaler aujourd'hui.

— Ouah ! Il doit vraiment l'aimer. Peut-être que le temps va s'éclaircir.

Le temps ne s'éclaircit pas. Il se met à pleuvioter. Après ça, il pleut. Puis il pleut à verse. Puis c'est la mousson. Et c'est l'heure de partir.

Nous arrivons chez les parents de Maria Theresa. Ils ont réussi à trouver une tente à louer à la dernière minute et nous nous tassons à l'intérieur pour l'inspecter. Il pleut si fort que les côtés en plastique doivent être descendus. Flash n'en croit pas ses yeux.

— Il n'y a pas d'air ici, souffle-t-elle.

En effet, j'ai l'impression d'être piégée tout habillée dans un sauna, avec ma famille et mes proches au complet, y compris mon frère, sa femme et le petit Moïse qui viennent d'arriver. Je vais les saluer, mes talons de 8 cm disparaissent des deux tiers dans la terre humide. Ça ne m'amuse pas. La journée risque d'être très longue.

Bientôt les jeunes mariés prennent place et prononcent leurs vœux. Nous sommes assis sur des chaises qui se sont enfoncées de moitié dans la boue, si bien qu'on se croirait dans un manège. Quand les époux disent « Oui !», la moitié de l'assistance crie « *Mazel tov* ! » et l'autre moitié crie « *Mangia* ! ». Et mon Dieu, qu'est-ce qu'on mange. Des boulettes de viande et des boulettes de pain azyme. Des *latkes* et des lasagnes. Des raviolis et du *rugelach*. C'est une vraie fête multiculturelle.

Après le repas, la danse commence. L'orchestre entame une chanson israélite et je pousse Flash sur la piste. Comme c'est une danse en cercle, nous pouvons nous tenir par la main. Tante Potin s'empare de l'autre main de Flash et tape du talon.

— C'est un superbe mariage, s'exclame-t-elle.

Son sac à main se balance sur son bras et fouette Flash en cadence.

— Écoute, me dit-elle. Ils pensent que je suis la *maven* (celle qui sait tout, traduit-elle pour Flash). Ils veulent savoir comment vous appeler.

— Lesléa et Flash, dis-je.

— Non, tu vois ce que je veux dire. Est-ce que Flash est ton amie, ton...

Tante Potin est à court de propositions, mais moi j'en ai des tonnes : amante, femme, partenaire, concubine, moitié, bien-aimée... Les mots tourbillonnent dans ma tête tandis que nous tourbillonnons sur la piste de danse. Je suis touchée par son intérêt, mais je dois réfléchir vite parce que tante Potin, c'est vrai, adore les potins. Tout lui avouer reviendrait à mettre une annonce dans le *New York Times*.

— Flash est ma fidèle compagne, dis-je.

Le visage de Flash rayonne de plaisir.

— Fidèle compagne, répète tante Potin, en se précipitant pour répandre la bonne nouvelle.

Quelques heures plus tard, nous émergeons de la tente. Le ciel est clair et Flash prend une grande bouffée d'air, comme quelqu'un qui est resté la tête dans un sac en plastique toute la journée. Nous disons au-revoir et regagnons la maison de mes parents.

Une fois arrivés, Flash s'élance vers sa voiture comme vers une maîtresse perdue de vue depuis longtemps.

— Merci pour tout, dit-elle en ouvrant la portière.

— Vous ne voulez pas entrer pour vous changer ? demande mon père.

— Attendez, laissez-moi vous apporter des fruits pour le voyage, offre ma mère.

— Il faut vraiment qu'on y aille, dis-je en m'engouffrant dans la voiture.

Nous partons, en agitant la main, toutes fenêtres ouvertes, et pour une fois, je ne fais aucune remarque à ce sujet lors du voyage de retour.

La *butch* que j'épouse.

— Eh, Flash.

Je murmure à ce corps couché sur le ventre à mes côtés et dans l'obscurité.

— Flash. Flashie. Flash chérie. Flashou. Flashounette. Flashinou.

Mais ça ne sert à rien. Il est minuit une et ma bien-aimée dort à poing fermé. Je n'ai pas le cœur à la réveiller même pour lui souhaiter un joyeux anniversaire. Cela fait six merveilleuses années que Flash et moi sommes devenues femme et femme, mais je me souviens du mariage comme si c'était hier.

Avant la cérémonie, il y a eu la demande, bien sûr. Nous sortions ensemble depuis seulement deux mois quand Flash a mis un genou à terre et m'a déclaré :

— Veux-tu m'épouser ?

Je me suis dressée sur mes deux coudes, j'ai scruté le sol autour du lit et j'ai dit :

— Où est la bague ?

Flash, qui n'en avait pas, a cherché dans sa chambre et m'a offert à la place une pierre porte-bonheur en onyx qu'elle possédait depuis des années. Ce n'était pas le genre de diamant que j'espérais mais je l'ai néanmoins accepté et j'ai commencé à réfléchir à des listes : les gens à inviter, les gens à ne pas inviter, le menu, la musique...

Flash voulait fêter nos fiançailles d'une manière différente, plus conventionnelle, mais je l'ai repoussée.

— Ce n'est pas le moment, ai-je dit en attrapant dans son dos un stylo et un carnet sur la table de nuit. Nous avons un mariage à organiser.

Les semaines suivantes, j'ai attendu patiemment que Flash m'offre une bague de fiançailles. Comme je ne voyais rien venir à l'horizon, je me suis mise à faire des allusions. Je chantais *Diamonds Are a Girl's Best Friend* quand nous prenions une douche ensemble. Je n'arrêtais pas de lui dire :

— Si je ne t'avais pas rencontrée, je serais devenue solitaire.

Quand elle me demandait où en étaient les préparatifs, je répondais :

— Ce n'est pas brillant.

Tout cela sans aucun effet.

Finalement Flash et moi nous sommes rendues chez notre bijoutier lesbien local pour choisir nos alliances. Dans l'excitation d'acheter des anneaux assortis, la question de la bague de fiançailles est tombée dans l'oubli. Flash voulait que nous portions nos alliances sur le champ, mais je suis restée ferme.

— Pas question. Nous ne pouvons pas les mettre avant d'être officiellement mariées.

— On ne peut pas les essayer au moins ?

Nous l'avons fait : elles étaient superbes.

— Portons-les jusqu'à la voiture a-t-elle proposé et j'ai cédé.

— Portons-les jusqu'à ce que nous arrivions à la maison a-t-elle suggéré.

— Portons-les pendant que nous faisons des cochonneries a-t-elle offert.

Inutile d'ajouter que depuis ce jour-là nous ne les avons jamais ôtées. Pas même quand j'ai présenté Flash à mes parents. On aurait pu penser que ma mère, à qui rien n'échappe, y compris le poil gris dans mon sourcil gauche — « Tu devrais vraiment les raviver un peu ! » — remarquerait un anneau en or sur l'annulaire de la main gauche de son unique fille et ferait une réflexion à ce sujet. Surtout si la nouvelle « amie » de ladite fille portait une bague identique à la main gauche. Mais vous savez, ma famille a en fait inventé la politique de l'autruche et la met en pratique depuis des années.

Flash était stupéfaite.

— Tu veux dire que tu ne vas pas leur parler du mariage ?

— Bien sûr que non, ai-je répondu. Je serais obligée de les inviter.

— Tu n'invites pas tes parents ?

Flash était atterrée.

— Tu n'invites pas les tiens, lui ai-je rappelé.

— Mes parents sont morts, a-t-elle souligné, comme si c'était une bonne excuse.

Puis son visage a pris un air soucieux.

— Qui va te donner en mariage ?

Je n'ai pas hésité un instant :

— Ma psy.

Flash pâlissait à vue d'œil.

— Je pensais que c'était la famille de la femme qui traditionnellement payait le mariage.

J'ai déposé un baiser sur sa joue.

— C'est toi ma famille maintenant.

Je me suis jetée dans ses bras. Flash était si émue qu'elle ne savait pas si elle devait rire ou pleurer.

Durant les mois qui suivirent, Flash et moi avons pris rendez-vous avec un imprimeur, une fleuriste, une photographe, un traiteur, une barmaid, une D.J, un orchestre, un rabbin, une coiffeuse, une couturière, un cordonnier et un tailleur. Nous avons dressé une immense liste d'invités, puisque, après tout, notre mariage allait être *l'événement* de la saison. Mais quand le traiteur nous a annoncé que ses prix commençaient à 23 dollars l'assiette, nous avons vite compris qui était nos soixante-quinze ami(e)s les plus proches.

Peu se sont donné la peine de retourner le coupon-réponse joint à leur invitation, avec enveloppe et timbre en forme de cœur. Une semaine avant la cérémonie, notre traiteur s'arrachait les cheveux.

— Je dois savoir combien il y aura d'invités !

J'ai essayé de lui expliquer que les lesbiennes croient que RSVP signifie « répondez sans vous presser » mais ça ne l'a pas amusé.

Le matin du mariage, je suis allée en ville pour une séance de coiffure et de manucure. À 11 heures, je suis rentrée chez moi et j'ai commencé à m'habiller. Je venais de fixer un bas à mon porte-jarretelles quand la sonnerie du téléphone a retenti. Mitzi, qui était là pour m'aider, a décroché.

— C'est ta mère, a-t-elle murmuré en couvrant le combiné de sa main.

Je me suis emparée du téléphone. Ma mère ne m'appelle jamais le dimanche matin.

— Qui est mort ? ai-je demandé.

— Personne, a-t-elle répondu. Je me suis réveillée en pensant à toi alors j'ai décidé de t'appeler. Quoi de neuf ?

— Rien.

— Quel est ton programme pour aujourd'hui ?

Mon esprit était en ébullition. Que pouvais-je lui dire ? Je me suis souvenue de ce vieil adage d'écrivain : je me sers d'un mensonge pour dire la vérité. J'ai décidé de faire l'inverse et de me servir de la vérité pour dire un mensonge.

— Je me marie.

— Très drôle.

Ouf ! Je savais qu'elle ne me prendrait pas au sérieux.

— Écoute maman, j'ai des gens chez moi. Je dois y aller.

J'ai attaché mon autre bas et continué à m'habiller. À la fin, j'étais couverte de soie et de paillettes des pieds à la tête, portant quelque chose de vieux — la broche de ma grand-mère —, quelque chose de neuf — ma robe —, quelque chose d'emprunté — un tampon à Mitzi —, quelque chose de bleu — la ficelle du tampon.

Flash, resplendissante dans sa chemise en satin beige et son pantalon à pinces noir avait aussi ses règles. Comme ça ne s'était jamais produit auparavant, nous en avons donc conclu que la perte simultanée de nos parois d'utérus était le signe de la Déesse que notre union devait bien avoir lieu.

Puis, sans que l'on s'en aperçoive, le moment avait fini par arriver. Flash et moi nous sommes placées sous la *huppah*, sa *butch* d'honneur à notre droite, ma *femme* d'honneur à notre gauche. Nous étions entourées de nos proches, vêtus de leurs plus beaux atours : ça allait des rangers, des shorts en jean déchirés et des piercings aux talons hauts, aux robes de velours et autres tiares de diamants. Et ça c'était juste pour les garçons. Les filles portaient leurs plus beaux Birkenstock, survêtements et tee-shirts avec des slogans tels que : MAIS, MAMAN, ELLE *EST* MON ÂME SŒUR ou MONOGAMIE = MONOTONIE, selon leur façon de voir les choses.

Flash et moi avons fait face au rabbin, qui a commencé la cérémonie en disant que nous étions toutes les deux superbes et que nous avions l'air très amoureuses. Bien entendu j'ai commencé à pleurer. Puis le rabbin s'est mis à pleurer. Puis Flash, qui est trop *butch* pour pleurer devant moi, et encore moins devant soixante-quinze ami(e)s parmi les plus chers, s'est débrouillée pour avoir une crise d'asthme.

Quand les choses se sont calmées, le rabbin a repris le rituel. Flash et moi avons prononcé nos vœux, échangé nos anneaux, bu une gorgé de vin, et nous nous sommes embrassées. Puis le rabbin a fini le verre de vin, et, avec cérémonie, l'a enveloppé dans une serviette et déposé sur le sol afin que Flash le piétine. Du coin de l'œil, j'ai aperçu Mitzi qui riait. Plus tard, je lui ai demandé ce qui était si drôle.

— Tu avais laissé le prix sur le verre, expliqua-t-elle en gloussant. Même à distance, j'ai pu voir qu'il y avait une remise de 50 % !

— Et alors ? ai-je rétorqué, indignée. Tu penses que

je laisserais Flash briser du cristal acheté au prix fort ?

Après que l'on nous eut déclaré *butch* et *femme*, la soirée s'est débridée. Flash et moi, hissées sur des chaises, avons paradé dans la foule pour que tout le monde nous voit. Nos amis ont levé leur verre en notre honneur et ont dansé en cercle autour de nous. La nourriture était si exquise que les végétariens n'ont pas pu s'empêcher de goûter le plat principal d'émincés de foie en forme de cygne. Les gâteaux — l'un traditionnel, l'autre allégé — étaient divins. J'ai lancé mon bouquet de mariée et Flash a jeté ma jarretière. Nous avons tellement souri que nous avons eu mal aux joues.

À la fin de la journée, nous sommes allées à l'hôtel. Comme je ne voulais pas retirer ma robe si vite, Flash a dû se débrouiller autrement. Nous nous sommes endormies dans les bras l'une de l'autre comme nous continuons de le faire depuis.

Je soupire de plaisir et jette un coup d'œil au réveil sur la table de nuit. Il est maintenant minuit 27 et Flash est dans les bras de Morphée. Je décide de la laisser dormir. Nous aurons tout le temps de célébrer l'événement demain. Peut-être même que je lui ferai la surprise de lui apporter le petit déjeuner au lit.

Mais c'est à moi qu'on fait une surprise. À mon réveil, j'ai une charmante vision. Flash, belle dans sa robe de chambre en soie, se tient devant moi avec un plateau.

— Joyeux anniversaire, dit-elle en posant le plateau sur le lit.

Je pousse des « Ooh !» et des « Aah ! » à la vue du café frais, du *bagel* et du saumon fumé, de la rose rouge.

— Qu'est-ce que c'est ?

Je brandis une petite boîte.

— Tu te souviens du soir où je t'ai demandée en mariage ? demande Flash.

Je hoche la tête, rêveuse.

— Je n'ai jamais oublié ce que tu as dit.

— J'ai dit oui.

— Non. Tu as dit « Où est la... »

— Bague ! Oh mon dieu !

J'ouvre la boîte comme une furie et, le souffle coupé, je découvre la bague la plus belle, la plus douce, la plus extraordinaire que j'ai jamais vue. Le diamant dont je rêvais.

— Est-ce qu'il est trop tard pour se fiancer ? demande Flash.

Je l'attrape par le cou et l'embrasse en guise de réponse. Ma *butch*. Je pense que je vais la garder.

C’est pas le pied !

Après un dimanche matin typiquement lesbien, Flash me prend dans ses bras, plonge ses yeux dans les miens et prononce ces trois mots que j’adore entendre : « Allons au restaurant ».

— Allez vite ! dis-je.

Je repousse les draps, attrape des vêtements par terre et précipite Flash vers la voiture. Quelques minutes plus tard, nous sommes assises l’une en face de l’autre, à une charmante petite table près de la vitrine de notre restaurant préféré, à lire la carte des brunchs. Je lis la mienne de droite à gauche, comme si j’étudiais l’Hébreu. Mais je n’étudie pas l’Hébreu. J’étudie les prix. Juste au moment où je décide de commander un plat qui coûte 2,99 dollars, je reçois un coup de pied de Flash sous la table. Je lève les yeux et la vois pencher la tête légèrement vers la droite. Je suis l’inclinaison de son front, m’étrangle et me réfugie derrière la carte.

Candy, l’ex de Flash, vient d’entrer et l’hôtesse est en train de l’installer juste à côté de nous. Candy est en compagnie de sa meilleure amie, Honey, qui auparavant sortait avec Whit, la nouvelle amie de Mitzi. Autrement dit, la meilleure amie de l’ex-amie de mon amie est l’ex-amie de la nouvelle amie de ma meilleure amie. Pour une ville comme Lesbianville, où la psy de votre amie est souvent l'amie de votre psy, c'est quand même un peu fort.

Pendant que je réfléchis à la situation, Flash murmure :

— Sois gentille.

Je baisse un tantinet la carte pour qu'elle puisse me voir faire les gros yeux. Je chuchote en réponse :

— Je suis toujours gentille.

C'est Flash qui fait à présent les gros yeux. Elle pense que je déteste Candy. Je ne sais pas où diable elle est allée chercher cette idée. Je ne déteste pas Candy. Je la hais. Mais il m'est impossible d'ignorer sa présence. Nos tables sont si proches que la serveuse anorexique qui me sert du café peut à peine faufiler son derrière inexistant entre les deux.

— Bonjour Candy, dis-je, en découvrant mes dents dans ce qu'une personne non avisée pourrait considérer comme un sourire.

— Bonjour.

Elle me fixe en plissant les yeux, aveuglée sans doute par l'éclat radieux postcâlin qui illumine mon visage. Je songe à lui prêter mes lunettes de soleil quand soudain la lumière se fait : elle tente de se rappeler qui je suis. Elle regarde Flash puis sourit.

— Oh, bonjour ! Je ne vous reconnaissais pas.

Pourquoi est-elle plus vache qu'à l'ordinaire ce matin ? Soudain, je me souviens que Flash et moi avons quitté la maison en hâte, que je porte des lunettes au lieu de lentilles, mes cheveux sont ébouriffés, j'ai enfilé un vieux tee-shirt de Flash et un jean froissé. Ce n'est pas ma tenue habituelle.

Candy, elle, est parfaite. Elle porte un pantalon gris et un pull de laine rose. Elle a même du crayon sous les yeux. N'est-ce pas incongru ? Qui se maquille un dimanche matin ? Quelqu'un qui a le temps. Quelqu'un qui n'a pas passé les trois dernières heures à faire ce que Flash et moi avons fait. Mes lèvres forment un vrai sourire à présent et je tente de rendre l'éclat de mon visage encore plus brillant, si tant est que cela soit possible.

Puis je me détourne. À vrai dire, je ne peux m'empêcher de la plaindre un peu. Pourquoi est-elle là un dimanche matin avec sa meilleure amie au lieu de la *butch* de ses rêves ? Est-ce parce que je suis là avec la *butch* de ses rêves ? Non. C'est Candy qui a quitté Flash il y a huit ans, deux ans avant que nous nous mettions ensemble. En y repensant, je suppose que je devrais lui en être reconnaissante. Elle a brisé le cœur de la pauvre Flash et c'est une raison de plus pour la haïr.

— Avez-vous choisi ?

Notre serveuse est de retour.

— Je vais prendre le plat spécial routier, dis-je, alors qu'il coûte 11,99 dollars. Trois œufs, du bacon, des saucisses, du jambon, du maïs, des *pancakes*, des frites maison, des toasts, du jus de fruit, du café et de la tarte.

Flash me regarde, éberluée. Je déteste les œufs. Le bacon est contre ma religion. Je viens de commander plus de nourriture que je n'en mange en trois jours. Je hausse les épaules, pour lui signifier « je n'y peux rien ».

Je me tourne vers Candy et lui adresse un clin d'œil.

— Toutes ses activités acrobatiques, je veux dire, d'*aérobic*, mettent vraiment une fille en appétit. À côté de nous, Jane Fonda est ridicule, si vous voyez ce que je veux dire.

Avant qu'elle ne puisse répondre, je baisse les yeux, lève ma tasse de café, et, avec le petit doigt en l'air, en prends une inoffensive gorgée. Puis je soupire d'aise, me penche en arrière et croise ma jambe droite sur la gauche. Ce faisant, le bout de mon pied heurte accidentellement la table. Les objets volent, y compris un pot de crème bondissant dans les airs comme s'il l'avait décidé lui-même, éclaboussant le pull rose de Candy d'une couche gluante de crème et de lait.

— Oh ! Je suis vraiment désolée, dis-je tandis que Candy éponge sa poitrine plate avec une serviette.

— Je vais chercher un torchon humide, propose Honey, en partant précipitamment.

— Comment as-tu fait ton compte ? demande Flash, visiblement ennuyée.

— Ne le prends pas mal, Flash, dit Candy, épongeant

toujours. Elle ne l'a pas fait exprès.

Elle se penche pour récupérer un mouchoir dans son sac par terre sous sa chaise.

— J'adore vos chaussures, me dit-elle en se redressant. Est-ce qu'on les trouve dans des pointures inférieures au 42 ?

— Quoi ?

Je m'étrangle, et crache du café sur ma propre poitrine. Je fusille Flash d'un regard furieux et interrogateur : *Tu lui as dit* ? Flash fait non de la tête mais je ne sais pas si je dois la croire. Une chose est sûre cependant : ou bien Flash a révélé à ma pire ennemie combien je suis mortifiée d'avoir de si grands pieds, ou ils sont si incroyablement gigantesques qu'elle est arrivée à cette conclusion toute seule. Oui, d'une manière ou d'une autre, elle sait que je ne la hais pas pour ses cheveux blonds — et sales —, ses yeux bleus, son nez droit, son corps mince de pom-pom girl. Non. Des années de thérapie m'ont conduite au-delà de tout ça. J'aime sincèrement mon corps bien en chair. À partir des chevilles, je veux dire. Je ne peux me résoudre à accepter ces pieds dignes du *Livre des records*, bosselés, crevassés, pleins de cornes, plats et presque aussi larges que longs.

J'ignorais que quelque chose clochait avec mes pieds jusqu'au jour où les gamins des voisins ont commencé à se moquer d'eux un été. Leurs pieds à eux laissaient l'empreinte distincte des orteils, du talon et du coup de pied sur les dalles en béton autour de la piscine. Mes pieds en forme de crêpe affichaient aux yeux du monde entier l'ensemble de leur contour.

À partir de ce jour, j'ai supplié mes parents de me faire opérer pour avoir une voûte plantaire. Même si cela signifiait casser tous les os de chaque pied — il y en a 26. J'étais déterminée. Surtout après avoir lu que la première comédie musicale nue de Broadway, *Oh ! Calcutta !* organisait des auditions et que le seul trait physique que le metteur en scène ne tolérerait pas était les pieds plats.

— Savez-vous l'effet que produit un acteur aux pieds plats quand il traverse la scène ?

Je me souviens mot pour mot de cet extrait d'interview plus de vingt ans plus tard.

Ça ne m'a guère consolée de savoir qu'Ingmar Bergman avait déclaré : « Même les gens beaux ont des pieds affreux. » Ouais, OK ! Si les petons de Julia Roberts sont si laids, pourquoi lors de son mariage avec Lyle Lovett n'était-elle chaussée que d'une couche de talc de chez Johnson ? Je suis persuadée qu'aucun pied de star de cinéma ne peut rivaliser avec moi, à part peut-être Donald Duck, dont les empreintes sur le trottoir devant le *Mann's Chinese Theatre* correspondent parfaitement aux miennes. Je le sais. Je suis allée exprès à Hollywood pour vérifier.

Pour m'aider à dépasser mon complexe, Flash m'a offert une consultation chez une pédicure. Je l'ai avertie d'entrée :

— J'ai des pieds affreux.

— Bien sûr, a-t-elle rétorqué, en faisant claquer une bulle de chewing-gum. Tout le monde dit ça. J'ai vu des milliers de pieds et je n'en ai jamais trouvé de si terribles.

Rassurée, j'ai ôté mes chaussures.

— Ouah ! s'est-elle exclamée en avalant son chewing-gum. Ils sont vraiment moches !

Merci pour le renseignement.

Mes pieds ont influencé toutes les prises de décisions importantes et susceptibles de changer le cours de ma vie. Je ne pouvais pas, par exemple, envisager de m'inscrire à une université dans un état où le climat imposait le port de sandales. J'ai failli retourner dans le placard après m'être montrée à mon premier événement 100 % lesbien — évidemment un buffet entre amies — parce que notre hôtesse avait invité toutes les filles à se déchausser. J'ai arrêté le karaté car il paraît que les postures spécifiques élargissent les pieds. Je n'ai jamais eu d'enfant car ma mère m'a confié que ses pieds avaient pris une pointure pendant ses deux grossesses. Et quand Flash m'a demandée en mariage, je n'étais pas loin de dire non parce que je m'étais juré de ne jamais épouser quelqu'un avec des pieds plus petits que les miens. Bien sûr, ça enlève 99 % de la population féminine, y compris ma bien-aimée qui chausse un classique 37 doté d'une voûte plantaire à faire pâlir Baryschnikov. Mais cette fois, j'avais trouvé chaussure à mon énorme pied, tant et si bien que j'ai dérogé à mes principes, ce que je ne manque pas de lui rappeler quand elle met en doute mes sentiments.

Moi je ne mets jamais en doute ses sentiments, sauf dans un cas comme celui-ci. Je lui chuchote :

— Tu ne regrettes pas de ne plus être avec elle ?

— Avec qui ? demande Flash en piochant dans mon assiette.

J'indique par un roulement d'yeux la table voisine où Candy chipote sur un muffin aux myrtilles.

— Avec Candy.

— Bien sûr que non !

— Elle ne te manque pas du tout ?

— Non.

— Aucune partie de son corps ?

— Aucune partie de son corps.

Je baisse un peu plus la voix :

— Même pas ses pieds ?

— Ses pieds ?

— Oui, ses pieds.

J'hésite un instant puis lui pose la question que j'ai toujours eu envie de lui poser :

— Flash, est-ce que les pieds de Candy sont plus jolis que les miens ?

Elle me regarde :

— C'est une blague ?

— Non, c'est très sérieux. Allez, tu peux me le dire. Est-ce que ses pieds sont plus féminins que les miens ?

Elle secoue la tête :

— Chérie, je ne sais pas. Je ne me souviens pas.

Je suis choquée par cette réponse.

— Quoi ? Tu ne te souviens pas de ses pieds ?

— Non.

— Tu veux dire que si nous nous séparions, tu ne te souviendrais pas de mes pieds ?

— Ne sois pas bête. Bien sûr que je me souviendrais de tes pieds. Ils sont inoubliables. Je pourrais les retrouver sans me tromper au milieu de 10 000 autres.

Je ne sais pas si je dois rire ou pleurer.

Tant d'horloges et si peu de temps

— Allez Flash. On va être en retard pour le film.

J'indique l'horloge en forme de *bagel* offerte par tante Potin, au-dessus de la table de la cuisine. La grosse aiguille est sur le fromage et la petite sur le saumon fumé. Autrement dit : il est 17 h 50 et l'heure tourne.

— Une seconde !

Flash est dans la salle de bains à modeler sa chevelure pour obtenir un effet impeccable. Bien entendu, mes cheveux bouclés, qui m'arrivent à la taille, sont magnifiquement coiffés depuis plus d'une heure, ce qui vérifie ma théorie : plus les cheveux sont courts, plus il faut de temps pour les peigner.

— Je te laisse encore deux minutes !

Je m'engouffre à l'intérieur de mon placard. Puisqu'elle est plongée jusqu'aux coudes dans du gel Brylcreem, je ferais mieux de changer de chaussures. Toute la journée je me suis demandé si mon caleçon et mes talons compensés iraient bien ensemble. Mais à peine ai-je changé de chaussures que je change à nouveau d'avis : les chaussures sont OK, mais pas le caleçon.

— Es-tu prête ?

Flash jette un coup d'œil dans mon placard, m'y trouve à moitié nue et se dit qu'elle a le temps d'arroser les plantes. J'émerge dans la tenue idéale pour parader dans une salle de cinéma complètement obscure, vois Flash en train de roucouler devant mon ficus — « Allez bois, Moishe » — et me dis que j'ai le temps de me faire les ongles. Flash vide l'arrosoir, me voit en train de m'appliquer du vernis et se dit qu'elle a le temps de manger un rapide sandwich. Je me sèche les mains au sèche-cheveux, sens l'odeur du bacon frit et me dis que j'ai le temps de ranger le tiroir du haut de ma commode.

— Tu n'es pas encore prête ?

Flash me retrouve assise sur le lit entourée de culottes, de gaines, de collants, de strings, de jarretelles, de porte-jarretelles, de bas de soie, de bas résille, de bas en dentelle, de bas opaques, de soutien-gorge, de bustiers, de guêpières, de bodies, de combinaisons, de jupons, de mon passeport, de mon certificat de naissance, de mon testament, d'un *Slinky* et de deux pennies porte-bonheur que j'ai depuis 1965.

— Pourquoi ranges-tu ton tiroir maintenant ? demande Flash.

— Parce que tu te faisais un sandwich.

— Je me faisais un sandwich seulement parce que tu te faisais les ongles !

— Je me faisais les ongles seulement parce que tu arrosais les plantes !!

— J'arrosais les plantes seulement parce que tu changeais de tenue !!!

— Je changeais de tenue seulement parce que tu te peignais les cheveux !!!!

— On ne peut pas prendre cinq secondes pour se peigner ?!!!!

— Pas si ces cinq secondes me laissent largement le temps de me changer quatre fois !!!!!

Soudain je me radoucis.

— Oh ! et puis ça ne fait rien. Allons-y !

Je remets toute ma vie dans le tiroir et permets à Flash de m'aider à enfiler mon manteau.

Ma chérie a quelques soupçons : ce n'est pas mon style de renoncer à une dispute susceptible de dégénérer allègrement en bataille rangée. Mais je me contiens dans l'espoir d'accomplir ma mission : faire en sorte que ma petite amie fâchée avec l'heure soit sortie de la maison quand la grande aiguille sera sur le beurre — 18 h 22.

Nous montons dans la voiture et je mets la cassette de Melissa Etheridge afin que Flash n'ait pas l'idée d'allumer la radio. Sinon, elle entendra l'animateur annoncer l'heure exacte : 18 h 02. Elle découvrirait alors que non seulement toutes les horloges de la maison avancent, mais que chacune donne une heure particulière.

À son insu, j'ai divisé la maison en fuseaux horaires : il y a le fuseau de la zone chambre — dix minutes d'avance —, de la zone salon — quinze minutes d'avance — et de la zone cuisine — vingt minutes d'avance.

D'après mes calculs, ma bien-aimée ne s'est pas encore rendu compte que certains samedis soirs, après une coupe de glace postcâlins dans la cuisine à 23 h 11 nous retournons dans la chambre à 23 h 01. Évidemment, les infos de 23 heures passent alors que le réveil affiche 23 h 10 mais Flash ne semble pas s'en être aperçue. Ma pauvre chérie abusée n'a même pas remarqué qu'il est impossible de partir de la maison à 18 h 20 et d'arriver au cinéma à 18 h 25, surtout si la salle est à 25 km. Flash pense simplement qu'elle est une excellente conductrice.

— Quelle heure est-il ? demande-t-elle en se garant.

— 18 h 25, dis-je en indiquant ma montre.

Bien sûr, Flash ne se doute pas qu'elle est à l'heure de la zone chambre, nous accordant ainsi dix minutes de plus pour sortir de la voiture, traverser le parking, acheter nos billets et des pop-corn, trouver nos places, enlever nos manteaux, et jeter un œil sur les filles dans la salle. La plupart des gens n'ont pas besoin de dix minutes pour accomplir tout ça, mais Flash est facilement distraite. Avant de quitter la voiture, elle doit se donner un coup de peigne, arranger son col, vérifier qu'il n'y a aucun poil de chat sur son pull. Une fois sortie de la voiture, elle doit s'assurer que toutes les portières sont verrouillées, les vitres fermées, et que la bosse que j'ai faite au pare-chocs la semaine précédente est toujours au même endroit.

Tandis que nous traversons le parking, Flash s'arrête quatre fois : une fois pour lacer sa chaussure, une fois pour admirer une Bronco rouge, qu'elle rêve d'acheter, et deux fois pour ramasser des pennies. Quand nous sommes à l'intérieur du cinéma, elle cherche dans les quatre poches de son pantalon et les sept poches de sa veste des pièces de 25 cents, car le billet coûte 5,75 dollars et comme la plupart des *butches*, elle met un point d'honneur à donner la monnaie exacte.

Après avoir acheté les billets, Flash doit regarder les affiches des films à venir. Puis, bien entendu, elle perd son billet et doit chercher dans les quatre poches de son pantalon et les sept poches de sa veste jusqu'à ce qu'elle le retrouve. Une fois passée devant l'ouvreuse, je file droit à nos places puisque je sais que Flash va perdre au moins dix minutes au distributeur de sucreries même s'il n'y a personne avant elle. Elle doit prendre une douzaine de décisions à propos des pop-corn : une portion pour une ou pour deux ? Petit, moyen ou grand format ? Avec du beurre ou nature ? Salés ou pas ? Dans un sac en papier ou dans un gobelet ? Une boisson pour accompagner ou pas ? Puis, je suis sûre qu'elle s'arrêtera à la fontaine et aux toilettes. Flash ne comprend pas la phrase consacrée : « *Allez directement en prison. Ne repassez pas par la case départ. Ne gagnez pas 20 000 F.* » Non, ma petite amie a transformé son retard chronique en art.

Moi, en revanche, je suis la ponctualité faite femme. Ce défaut n'est pas sans me desservir où que j'aille. Rien ne commence jamais à l'heure et chaque groupe semble s'en attribuer le mérite avec une étrange fierté. « Nous sommes dans le fuseau de la zone juive », « Ça commence à 19 heures, fuseau de la zone féministe », « Rendez-vous à 20 h 30 fuseau de la zone homo ». Je suis la seule personne sur cette planète dont l'horloge interne est désespérément réglée sur le fuseau de la zone névrosée.

Un jour avant FC — Flash Chérie —, j'ai décidé de faire un immense effort pour ressembler au genre humain et arriver quelque part avec un léger retard véritable. Après tout, cela serait-il si terrible que mon entrée soit remarquée ? Pour réaliser cet exploit, j'avais choisi une avant-première à Lesbianville, celle d'un film intitulé *Vive la Vulve*. J'étais persuadée que seules les lesbiennes les plus cools de la ville assisteraient à cet événement et qu'aucune parmi elles n'arriverait ne serait-ce que deux minutes avant le début. La projection devait commencer à 21 h 00 — fuseau de la zone homo — et j'avais prévu de m'y rendre à 21 h 01 voire 21 h 02. Pourquoi pas ? Il était grand temps pour moi de vivre dangereusement. Le cinéma était à un quart d'heure environ et j'avais juré de ne pas partir de la maison avant 20 h 45.

À 20 h 30 j'avais déjà enfilé mon manteau et j'avais les clés dans la main. À 20 h 32 je me suis mise à faire les cent pas. À 20 h 34 j'ai eu une bouffée de chaleur. À 20 h 36, mon cœur s'est mis à battre plus vite. À 20 h 38, j'ai commencé à hyperventiler si fort que je ne savais pas si j'allais avoir une crise cardiaque ou un orgasme. À 20 h 39 j'avais tellement levé mon bras gauche pour vérifier l'heure que j'avais les symptômes d'un syndrome du canal carpien. À 20 heures 39 minutes et 30 secondes, le poignet bandé, je me suis précipitée dehors dans un état de panique totale. J'ai conduit aussi vite que ma Toyota de 15 ans me le permettait, en priant pour qu'un policier m'arrête, me donne une contravention et me mette ainsi en retard. Mais je n'ai pas eu cette chance. Que fait la police quand on a besoin d'elle ? À ma grande honte, je suis arrivée à 20 h 59. Heureusement, personne n'était là pour constater mon échec.

Évidemment, à présent que Flash et moi sommes siamoises, je ne suis plus du tout à l'heure nulle part. Mais ce n'est pas un grand sacrifice en regard de l'amour que nous vivons, me dis-je, alors que Flash s'installe à côté de moi au moment où le film débute, insensible au fait qu'elle vient de manquer les bandes-annonces.

Après le film, Flash enfile sa veste, traverse le parking, va droit à la voiture, nous ramène à la maison sans incident, et sort directement du véhicule pour monter les marches, sans se retarder. Pourquoi est-elle capable de cela seulement quand nous ne devons pas nous trouver à un endroit donné à une heure donnée ? C'est encore un mystère pour moi.

Une fois à l'intérieur, Flash se prépare son en-cas de minuit — en vérité un en-cas de 23 h 18 selon le fuseau de la zone cuisine. Elle feuillette le journal et m'interpelle :

— Eh, n'oublie pas ! Ce soir nous devons changer d'heure.

Oh non ! Changer d'heure me rend toujours hystérique. Je tente de rester calme. Je vais m'en charger. J'ai juste besoin d'une précision :

— Heure d'hiver on avance, heure d'été on recule ?

— Presque, répond Flash. Hiver on recule, été on avance.

— Donc, ça signifie que… (je lève les yeux sur l'horloge) au lieu d'être 23 h 30, il n'est que 22 h 30. Nous venons de perdre une heure, c'est ça ?

— Non. Nous venons de gagner une heure.

Flash secoue la tête.

— Pauvre chérie. Détends toi. Je vais régler les horloges.

— Non, je vais le faire, dis-je l'air de rien.

— Non, c'est moi. J'insiste.

Elle commence par celle de la cuisine. Je la suis de pièce en pièce, dépitée à l'idée de perdre demain l'heure que je viens de gagner, à caler les pendules sur leur heure respective. Mais, à mon grand étonnement, Flash suit mon système à la lettre.

— Tu es au courant pour les pendules ?

Je me sens complètement idiote. Ça doit être vrai : on peut duper certaines *butches* tout le temps et toutes les *butches* un certain temps, mais il me reste à trouver le temps de duper ma *butch*.

— Bien sûr que je suis au courant. Mais s'il faut ça pour que tu puisses partir d'ici à l'heure…

— Pour que *je* puisse partir d'ici à l'heure ?

Je bafouille d'indignation, prête à entamer une dispute. Mais je m'assagis. Je décide de passer l'éponge, au moins pour l'instant. Après tout, ce qu'elle croit n'a pas d'importance, du moment que le système fonctionne.

— Eh, Flash ! Merci de ta compréhension pour les horloges.

— Sans problème, dit-elle. Puisque nous avons gagné une heure, tu veux qu'on la perde dans la chambre ?

— Bien sûr.

Je lui prends la main. Comme je le dis toujours, mieux vaut mettre les pendules à l'heure.

Bec et ongles.

— J'ai une nouvelle pour toi ! annonce Flash en rentrant du bureau. *Nail Diamond* est arrivé en ville !

— Je m'en moque !

Je ne relève même pas les yeux du magazine que je suis en train de lire.

— J'ai horreur de Neil Diamond.

— Pas Neil Diamond. *Nail Diamond.* C'est une manucure. Regarde.

Flash me tend un morceau de papier avec une adresse griffonnée dessus.

— Je t'ai pris un rendez-vous pour demain, 15 heures.

— Ma bienfaitrice !

Je lui donne le gros baiser humide qu'elle mérite. Flash sait que j'attends depuis longtemps qu'une manucure digne de ce nom s'installe dans les environs. Elle m'a entendue parler des fabuleux salons de beauté de ma ville natale, New York, qui abrite un million de cœurs brisés et dix millions d'ongles cassés. Quand je vivais dans cette ville qui ne s'endort jamais, je savais que si je me cassais un ongle à n'importe quelle heure du jour et de la nuit, dans n'importe quelle rue de Manhattan, il y aurait toujours un endroit où le réparer. Ces instituts, aux noms tels que *La Case de L'ongle Tom* et *Vernis Sage* étaient toujours tenus par une Asiatique qui ne parlait pas un mot d'Anglais, ce qui me convenait parfaitement. En fait, je trouvais ça plutôt reposant d'être assise à une table, pendant qu'une femme que je n'avais jamais rencontrée était aux petits soins pour mes mains en marmonnant des mots que je ne comprenais pas. C'était le seul moment dans ma vie trépidante de goudou citadine où je restais assise sans bouger.

Naturellement, quand j'ai déménagé à Lesbianville, j'avais prévu de poursuivre ma traditionnelle séance de manucure hebdomadaire. J'ai arpenté les rues de ma nouvelle ville mais il n'y avait pas un seul endroit pour ongles en détresse en vue. Que me restait-il à faire ? Je suis allée directement au centre commercial et j'ai acheté tout ce dont je pouvais avoir besoin pour me faire mes propres manucures : du coton, des cotons-tiges, une brosse à ongles, une lime à ongles, des ciseaux à ongles, un coupe-ongles, une pince à ongles, un repousse-peaux, un gel pour les cuticules, une crème pour les cuticules, un soin pour les cuticules, du dissolvant, du vernis à ongles, du vernis de base, du vernis intermédiaire de différentes couleurs, et un produit séchant qui rendait mes ongles plus durs que la peinture de ma voiture. J'ai appris à me faire une bonne manucure, mais ce n'était pas la même chose.

Donc, quand *Nail Diamond* a ouvert, j'étais on ne peut plus excitée.

Je pousse la porte à 15 heures pile le jour de mon rendez-vous et je suis reçue par une femme qui a une longue queue-de-cheval et une bonne culotte de cheval.

— Je m'appelle Buff, dit-elle. Asseyez-vous.

Je prends place à une petite table, ferme les yeux et prends une grande inspiration. Instantanément, l'odeur de tous ces produits chimiques apaise mon esprit fatigué. Buff s'installe en face de moi et prend mes mains dans les siennes.

— Voyons voir. Oh, une alliance ! Depuis combien de temps êtes-vous mariée ?

— Six ans.

— Et que fait votre mari ?

Oooh ! Question piège. Heureusement, comme la plupart des goudous, je sais depuis longtemps maîtriser l'art d'éviter les pronoms. Et, mieux encore, j'ai épousé une femme dont le nom est neutre.

— Flash travaille pour la municipalité, dis-je, tandis que Buff plonge ma main gauche dans un bol de liquide qui ressemble fortement à du Palmolive.

— Moi, j'ai divorcé l'année dernière. Ah, les hommes ! Des rebuts du genre humain, si vous me demandez mon avis.

Elle prend une lime et se met à façonner les ongles de ma main droite.

— J'ai recommencé à sortir, mais vous savez, je me croirais revenue au lycée. Tout ce qu'ils veulent, c'est la même chose.

Elle entreprend de me limer les ongles frénétiquement.

— Ils vous emmènent dans un bar, vous offrent à boire et pensent pouvoir se payer du bon temps. Et vous savez ce qu'ils entendent par du bon temps. Par ici, ma belle, merci, et au revoir.

— Aïe !

Je retire ma main des mains de Buff qui, distraite par sa tirade, a limé l'ongle à vif et enlevé un bon centimètre de peau au bout de mon doigt.

— C'est trop court ? Désolée. On mettra un faux ongle par-dessus.

Elle fait un geste vers ma main que je lui rends avec hésitation. Cette séance ne s'annonce pas aussi reposante que dans mon souvenir. Buff finit ma main droite, prend la gauche et une nouvelle fois remarque l'anneau.

— Six ans hein ? C'est cinq ans de plus que mon score. Toutes mes amies sont divorcées. Ma copine et moi sommes sorties hier soir et elle m'a dit que son mari l'avait quittée après seize ans. Seize ans, mon Dieu !

— Il fait beau aujourd'hui, non ?

J'essaie de ramener Buff sur un sujet un peu plus neutre alors qu'elle vient de saisir un repousse-peaux très affûté. J'apprécie une manucure comme toutes les filles mais celle-là commence à m'effrayer un peu.

Buff se calme et tandis qu'elle repousse les cuticules, je réfléchis sur le mot *copine*. De toute évidence pour une hétéro comme Buff, *copine* se réfère à n'importe quelle fille avec qui il fait bon partager une bière et des doléances sur les hommes. D'un autre côté, pour une *femme* comme moi, *copine* signifie une *butch* particulièrement jolie qui sait comment me faire atteindre l'extase d'une manière que je n'aurais jamais crue possible. L'écrivain en moi trouve ceci très intéressant. Mais Buff ne me laisse pas très longtemps plongée dans mes pensées. À peine a-t-elle commencé à appliquer la base, que son regard tombe à nouveau sur ma bague.

— Alors, quel est le secret ? demande-t-elle.

— Quel secret ?

— Le secret de votre mariage. Qu'est-ce qu'il a de si spécial votre mari ?

La question est posée d'un ton tellement sarcastique que je décide de relever ce qui de toute évidence se veut être un défi. Je me penche vers elle comme si j'étais sur le point de partager mon secret le plus intime avec elle. Je détache chaque syllabe :

— Mon mari a un vagin.

— Quoi ?

Elle laisse échapper ma main, dans un mouvement provoqué, non pas par un sentiment d'horreur, mais par un élan de fascination.

— Vous êtes homo ? demande-t-elle, en se penchant un peu plus vers moi. Ouah ! Je n'arrive pas à le croire. Ma copine et moi, on en parlait justement. Nous aimerions bien être homos. Nous adorerions être homos. À quoi servent les hommes ?

Elle fait un grand geste avec le pinceau, qui coule sur la moquette, mais elle ne semble pas s'en soucier.

— Alors, dites-moi (sa voix devient un chuchotement), êtes-vous sortie avec des hommes ou êtes-vous homo depuis toujours ? Quand l'avez-vous su ? Est-ce que c'est mieux qu'avec un homme ?

Je n'en crois pas mes oreilles. Tout ce que je désire, c'est une manucure et voilà que je suis sur le point de donner une conférence sur le lesbianisme. Je pense : *Je ne devrais pas la payer ! C'est elle qui devrait me payer.*

Elle continue :

— J'adore mon amie, vraiment je l'adore. Je veux dire, on partage tout. On se fait les ongles, on se prête des vêtements, on se prépare à manger, on parle au téléphone pendant des heures. Mais le sexe ? Je ne sais pas si ça marcherait.

Bien sûr que ça ne marcherait pas. *Vous êtes toutes les deux des* femmes, ai-je envie de crier. Mais quelque part, je sais que Buff n'est pas encore prête pour un cours sur la dynamique *butch/femme.*

— Ce n'est pas le moment pour moi de choisir une teinte ? dis-je à Buff qui semble avoir oublié la raison de ma présence.

— Oh oui.

Elle me propose ses vernis : Cracklin'Rosie ; Red, Red Wine ; Cherry Cherry ; Song Sung Blue ; Sweet Caroline... Toutes les couleurs portent des titres de chansons de Neil Diamond. Neil Diamond, *Nail Diamond.* Je la félicite pour sa trouvaille.

— Il est important de trouver une astuce, dit-elle en ouvrant une bouteille de Heartlight. Vous savez, quand je suis venue dans cette ville, je pensais que ça serait du gâteau, vu le nombre de femmes. Mais les affaires ne marchent pas très bien. Je ne sais pas pourquoi, mais la plupart des femmes dans cette ville ont les ongles affreusement courts.

Il y a un ton interrogateur dans sa voix, mais si elle ne peut pas deviner toute seule pourquoi la plupart des citoyennes de Lesbianville ne raffolent pas des ongles longs et pointus, ce n'est certes pas moi qui vais le lui dire. Je décide plutôt de la mettre sur la voie.

— Vous avez vu *Go Fish* ? C'est ce film dans lequel deux femmes tombent amoureuses. Il y a une superbe scène à la fin où elles se coupent les ongles. Je pense qu'il vous plairait.

— Il faudra que je le regarde, répond-elle en me passant du vernis.

C'est presque sec quand la porte du salon s'ouvre, et qui apparaît dans toute sa splendeur ?... Ma bien-aimée Flash.

— Comment ça se passe ?

Je décide de mentir.

— Très bien.

Pour une fois, Buff est muette. Flash a tendance à provoquer cette réaction sur les femmes qui souhaitent devenir lesbiennes.

— Buff, je vous présente Flash.

Buff secoue la tête comme si elle sortait d'une transe et se dirige vers Flash, le décolleté en avant, en roulant des hanches.

— Comment allez-vous ? s'enquiert-elle d'une voix rauque.

Je suis tentée de lui arracher les yeux, mais mon vernis n'est pas encore tout à fait sec.

— Flash, mon amour, peux-tu régler Buff ?

J'établis ainsi mon territoire. Une femme hétéro comme Buff doit sûrement savoir que quiconque paie pour ma séance de manucure ne peut que m'appartenir. Jusqu'à ce que la mort nous sépare.

Flash sort de l'argent de sa poche, le dépose sur la table et, sentant poindre une bagarre, prend rapidement la direction de la sortie.

— Ce fut un plaisir de vous rencontrer, déclare Buff, en faisant un signe du bras. Revenez quand vous voulez.

Elle reste immobile un instant, éblouie par la silhouette de Flash, puis elle se tourne vers moi.

— Vous en avez d'autres comme ça à la maison ? Si je rencontrais une femme comme elle, je deviendrais instantanément homo.

Tout ce qu'il faut c'est une bonne butch, mais cette bonne butch est justement celle qu'il me faut. Sur cette pensée, je quitte *Nail Diamond* sans me retourner.

— Mais pourquoi ? demande Flash à mon retour. Elle avait l'air gentille et tes ongles sont superbes.

— Parce qu'elle a le béguin pour toi.

— Oh, allez. Ce n'est pas du tout mon type. Elle a juste besoin de quelqu'un pour sauter le pas.

— Qui ? Je me mets à penser à voix haute. Sal et Val ne sont pas libres. Mitzi et Whit sont toujours ensemble. Raven n'a pas le bon équipement. Bon. Je suppose que pour l'instant, Buff est toute seule.

Et pendant ce temps, juste au cas où, j'aiguise mes griffes à la maison.

Sac à main, sac à malice.

Dites-moi que je rêve. C'est samedi matin, il fait un temps superbe et je jurerais que Flash vient de dire :

— Tu veux aller faire des achats ?

J'ai dû mal entendre, comme une fois en CM2 quand j'ai cru que l'institutrice nous parlait de l'Achat Beauté.

Je ne crois pas que je pourrais survivre à une nouvelle déception de ce genre. Sans doute Flash me propose-t-elle de sortir le chat. Feignant l'indifférence, je lui demande prudemment :

— Qu'as-tu dit, ma chérie ?

— J'ai dit : tu veux aller faire des achats ? Tu sais ce nouvel endroit, *Boutiques de rêve,* il vient d'ouvrir. Mais si tu penses que ce n'est pas une bonne idée...

— Eh ! Ce n'est pas la peine de me le dire deux fois !

Je retrouve mon sac à main avant que ma bien-aimée n'ait le temps de retrouver ses esprits :

— Allons-y !

Bientôt nous voilà dans la voiture, assises l'une à côté de l'autre, filant sur la nationale. Je tâtonne avec le bouton de la radio et trouve une station qui passe de vieilles chansons. Juste au moment où je me cale dans mon siège, Flash se met à gigoter frénétiquement.

— Mais qu'est-ce que tu fabriques ? Non, ne me dis pas. Laisse-moi deviner.

J'observe ma bien-aimée, en claquant les doigts en rythme.

— Le twist ? Le jerk ? Le watusi ?

— J'essaie juste de sortir un Kleenex de ma poche.

Elle passe la main sous sa ceinture de sécurité, glisse deux doigts dans sa poche et soulève ses hanches comme si elle allait faire sauvagement l'amour avec le volant.

— Ne bouge pas, lui dis-je, en me penchant vers mon sac.

La voiture fait soudain une embardée sur la gauche, manquant de peu une Volvo verte.

Les doigts de Flash émergent de sa poche, accrochés à un bout de mouchoir.

— T'inquiète, dit-elle en ramenant la voiture sur la bonne voie. Je l'ai.

Étrangement, Flash préfère nous mettre en danger plutôt que de porter un sac. Cela me stupéfie. Peu m'importe qu'une femme soit *butch* au plus haut degré, je ne comprends pas comment il est possible de vivre sans avoir de sac.

Je me souviens de mon premier sac à main comme la plupart des filles se souviennent de leur premier baiser. Ma mère, qui depuis des années m'entendait gémir « Je veux un sac comme le tien ! » sortit et nous acheta deux sacs assortis en lamé or, ornés de taches de léopard.

— Qu'est-ce qu'il y a, tu ne les aimes pas ? demanda-t-elle surprise par l'expression horrifiée sur mon visage. Ils étaient en solde. Deux pour le prix d'un. Vraiment pas de quoi faire la fine bouche.

Ma grand-mère proposa de m'acheter un sac comme le sien, mais ce dernier était fait de paille tressée, décoré par d'énormes fleurs jaune turquoise et les mots Miami Beach écrits avec des coquillages sur la lanière. Pire, il allait de pair avec un chapeau réversible. Ma grand-mère l'aimait tellement qu'elle l'avait encore quand elle est entrée en maison de retraite à l'âge de 99 ans.

— Pourquoi a-t-elle besoin de son sac ? Elle ne va nulle part, s'étonne Flash.

J'ai expliqué patiemment à mon ignorante épouse que ma grand-mère en avait besoin « au cas où ».

— Au cas où quoi ?

— Au cas où elle aurait mal à la tête et qu'elle aurait besoin d'une Aspirine. Au cas où elle aurait envie de jouer au rami et qu'elle aurait besoin d'un jeu de cartes. Au cas où quelqu'un se montrerait trop familier avec elle et qu'elle aurait besoin de lui donner un coup sur la tête. Au cas où elle se mettrait dehors au soleil et qu'elle aurait besoin d'un chapeau.

J'ai gardé mon premier sac et tous ceux que j'ai traînés au cours des différentes périodes de ma vie. Pendant mon adolescence, dans un acte de rébellion, j'ai utilisé un short en jean aux jambes cousues et une ceinture en guise de lanière — et vous les goudous de la nouvelle génération qui pensiez avoir inventé le style *grunge*... Durant mes années hippies guidées par un sentiment de supériorité et un retour à l'écologie, je me servais d'un sac en toile *Save-a-tree* orné de badges : NE GASPILLEZ PAS L'EAU, DOUCHEZ-VOUS AVEC UN AMI ; SAUVEZ LES BALEINES ; COLLECTIONNEZ LES TIMBRES ÉCOLOS. Au cours de ma période bohème, j'ai fabriqué des sacs en collant des photos de magazines sur des gamelles à déjeuner métalliques démodées recouvertes de laque. Je pensais qu'à 25 dollars pièce, c'était une bonne affaire — malheureusement personne d'autre n'était de mon avis. Quand j'ai fait mon *coming-out* en tant que lesbienne féministe, j'avais avec moi un sac tout simple contenant une bombe lacrymogène. Quand j'ai fait mon *coming-out* en tant que lesbienne *femme*, je me suis mise à porter un petit sac très mignon avec une paire de collants de rechange tout simples en dentelle.

Au fil des années, ma collection s'est enrichie de sacs à main, de sacs bandoulière, de sacs en soie, de sacs en peau, de fourre-tout, de sacoches et de pochettes. Je possède des sacs ornés de perles de culture, de fausses perles, de pierres fantaisie, de paillettes, de franges, de mailles et de macramé. J'ai un sac à dos, une banane, une pochette qui se fixe à la ceinture, et quelque chose qui s'appelle « portefeuille à lanières ». Aujourd'hui, en l'honneur de notre excursion au nouveau centre commercial du centre ville, j'arbore mon sac de tous les jours : un cabas noir de base qui est si gros que Flash l'a surnommé « Montana ».

Nous arrivons au parking et constatons, atterrées, qu'il est déjà bondé. Nous remontons les allées une à une. Finalement je repère une femme avec un petit sac blanc — pourtant la fête du travail est loin derrière nous — agitant ses clés au bout des doigts.

— Suis cette femme, dis-je en montrant la personne marchant devant nous. Grouille-toi ! Elle a des clés dans la main !

Nous roulons au pas derrière elle pendant une éternité jusqu'à la fin de l'allée.

— Où a-t-elle bien pu se garer ? demande Flash, comme si je le savais.

Soudain elle tourne à gauche et traverse deux rangées de voitures.

— Merde, murmure Flash entre ses dents. Et maintenant ?

— Je la rattrape !

Je saute de la voiture à sa poursuite. La femme monte dans son véhicule, recule juste au moment où une Buick bleue s'arrête, le clignotant mis pour nous coiffer sur le poteau. Je me jette sur la place désormais vacante, prête à défendre coûte que coûte cet espace. J'aperçois notre voiture qui débouche au coin et me mets à crier :

— Dépêche-toi Flash !

— Otez-vous de là ! hurle le propriétaire de la Buick en brandissant le poing.

— Il faudra d'abord me passer sur le corps ! dis-je en brandissant mon sac, qui peut en cas de besoin me servir d'arme fatale.

Le pauvre type voit à qui il a affaire à et s'en va en faisant rugir son moteur et crisser ses pneus. Je m'écarte et dirige la manœuvre de Flash.

— Rends-moi service, dit-elle, ne fais jamais ça à New York.

— Où crois-tu que je l'ai appris ?

Elle secoue la tête et rassemble ses affaires. Son portefeuille est dans la boîte à gants, son peigne dans le pare-soleil et ses cartes de crédit sur le tableau de bord.

— Peux-tu me tenir ça ? demande-t-elle en me tendant ses clés, son portefeuille, ses cartes de crédit, un peigne, un paquet de mouchoirs et une paire de grosses chaussettes au cas où elle essaierait des chaussures.

— Pas de problème.

Je fourre ses affaires avec les miennes, qui comprennent mon porte-monnaie, mon chéquier, mon carnet d'adresses, mon calepin, des stylos, du Scotch et des timbres. Et ça, c'est seulement le contenu d'un compartiment sur six. Dans le numéro deux, nous avons du rouge à lèvres, un crayon, du mascara, du blush, une brosse à cheveux, du spray coiffant et de la mousse coiffante. Le compartiment trois contient une brosse à dents, du fil dentaire, des chewing-gums en tablettes, des chewing-gums en dragées, des pastilles, des sucres, un couteau suisse et un aspi-venin. Dans le quatrième compartiment on trouve des billets doux, des photos, des cartes postales, du parfum, des lunettes de soleil, du vernis à ongles et des capuches en plastique pour la pluie. Le cinquième compartiment renferme mon portefeuille qui est un sac en lui-même (ne m'incitez pas à vous en parler). Chaque compartiment a son lot de trombones, d'épingles à cheveux, de bouchons de stylos, de tickets usagés, d'élastiques, de boucles d'oreilles et d'allumettes. Excepté le compartiment six qui est complètement vide, au cas où.

Ma bien-aimée et moi traversons le parking pour finalement atteindre les boutiques de nos rêves. Aussitôt Flash déclare qu'elle est affamée si bien que nous nous retrouvons dans un restaurant appelé *Planète Lesbos*. L'hôtesse, qui ne porte rien d'autre sous son tee-shirt ajouré que deux anneaux à la pointe des seins, nous demande :

— Une table pour deux ?

Je montre trois doigts. Flash m'interroge du regard.

— Montana, fais-je, en posant mon sac sur la chaise à ma droite.

Flash secoue la tête :

— Mais qu'est-ce que tu peux bien avoir là-dedans, hein ? s'interroge-t-elle à voix haute.

— Ne me le demande pas, dis-je en vidant la corbeille à pain dans le sixième compartiment et en indiquant à Flash de me passer le beurre.

Après le repas, nous partons à l'assaut des boutiques. Premier arrêt : *Les Chaussures de Sappho*. Je pêche les chaussettes de Flash dans mon sac et lui tends un chausse-pied en même temps. Ensuite nous nous attardons dans ma librairie favorite, *Lis ça Poulette et pleure*. Je fouille dans le sac pour trouver les lunettes de Flash et j'achète la nouvelle édition de *La Vallée des goudous*. Sur le trajet qui nous mène à *Dyke's Discount Drugs*, Flash croit apercevoir Raven. Je lui tends une paire de jumelles pour qu'elle s'en assure.

— Est-ce Raven ?

— Oui, répond-elle, en réglant la netteté. Il porte un sac de chez *Queen Gear* et il a un bout d'épinard entre les dents.

— Laisse moi voir.

Je pioche un télescope dans le sac et repère Raven.

— Mon dieu ! s'exclame Flash en me voyant faire. Qu'est-ce que tu n'as *pas* dans ton sac ?

Je réponds en reprenant les jumelles :

— La pilule.

Nous continuons notre promenade.

— Oooh, regarde-moi cette robe, dis-je en m'arrêtant devant *L'Armoire de Jodie*, un magasin qui vend des vêtements d'occasion en provenance directe d'Hollywood.

— Je t'attends dehors, déclare Flash, en me voyant baver d'envie.

Je saisis mon portefeuille et demande à Flash de me tenir Montana. Vingt secondes plus tard, j'émerge avec une minijupe rouge pétant. Je ne sais pas pourquoi la figure de Flash est de la même couleur que mon achat.

— Tu as une bouffée de chaleur, Flash ?

— Non, répond-elle. J'ai une bouffée de honte.

Elle me montre deux filles de son équipe de softball en train de rire à la vue de leur seconde base, un sac sur l'épaule.

— Les enfants peuvent être très cruels, dis-je, en parlant fort et en ôtant mon sac des épaules honteuses de Flash. Tu veux qu'on rentre ?

— Absolument ! Donne-moi les clés.

Je fouille dans les six compartiments un petit moment :

— Tu es sûre de me les avoir données ?

— Évidemment, j'en suis sûre. Fais voir.

— Pas question.

La dernière femme qui s'est risquée à mettre ses pattes dans Montana a failli perdre l'avant-bras. Il a fallu batailler ferme pour lui rendre sa main. Je farfouille encore un peu sans succès.

— Je ne les trouve pas.

Flash pousse un soupir d'exaspération.

— Si tu n'avais pas autant de bordel là-dedans...

— Bordel ? Quel bordel ? Je n'ai pas de bordel là-dedans ! À moins que tu ne parles de *ce* bordel-là...

Je lui flanque son portefeuille dans la main.

— Et *ce* bordel-là...

Je lui jette son chéquier à la figure.

— Et *ce* bordel-là...

J'envoie valdinguer ses chaussettes.

— Si tu n'encombrais pas *mon* sac avec *ton* bordel, je pourrais retrouver les clés !

Flash regarde piteusement toutes ses affaires dans ses mains.

— Et qu'est-ce que tu veux que j'en fasse ?

— Porte-les !

— Où ?

— Dans ta poche.

— Ça va faire des bourrelets sur mes fesses.

— Si seulement tu voulais acheter un sac…

— Très bien, dit-elle en s'éloignant vexée.

Je la suis, quelques pas en arrière, jusqu'à ce qu'elle s'arrête devant un magasin appelé *Sacs de Butch*.

— Attends-moi dehors, ordonne-t-elle en entrant.

Dix minutes plus tard, Flash ressort et me montre fièrement son achat. Elle est vraiment très excitée.

— Tu vois, dit-elle. C'est une véritable imitation cuir, et il y a sept poches : deux à l'intérieur, quatre à l'extérieur, et une petite poche spéciale pour les stylos. Et encore mieux : il peut aussi me tenir chaud l'hiver. Mesdames et Messieurs, je vous présente Le Sac de *Butch*. Également connu sous le nom de Blouson !

Flash exhibe son nouveau blouson et l'agite comme si j'étais un taureau sur le point de charger.

— Je peux le porter sur l'épaule, montre-t-elle. Ou le glisser sous mon bras ou le tenir à la main. Et le plus fort…

Elle marque une pause pour ménager le suspense :

— Il y avait 30 % de réduction dessus !

Je dois l'admettre, je suis complètement impressionnée.

— Flash, dis-je, non seulement ma mère et ma grand-mère seraient fières de toi, mais moi aussi, je suis fière de toi !

Le visage de ma bien-aimée rayonne de bonheur tandis que je cherche dans mon sac une paire de ciseaux (dans le compartiment trois). Je coupe l'étiquette avec le prix et m'accroche au bras de Flash couvert de faux cuir.

— On rentre ?

Elle hoche la tête et je quitte les boutiques de rêves avec ma *butch* de rêve. Que pourrais-je bien désirer de plus ?

Cheveux stressés

Flash rentre du bureau et me trouve debout face au miroir de la salle de bains la tête couverte d'un sac en papier. Comme ce n'est pas encore l'époque de Halloween, il n'y a qu'une seule explication possible :

— Tu as une crise de coiffure indomptable ? demande-t-elle.

J'approuve en marmonnant.

— Bien, dit-elle.

Pourquoi mon désastre capillaire a-t-il l'air de plaire à ma chérie ? Parce que, selon un récent sondage, 97 % des femmes américaines se soucient de l'état de leur coiffure pendant l'amour. Donc, si ma coiffure ne ressemble déjà à rien, Flash se figure qu'elle a plus de chance d'arriver à ses fins avec moi. Cette statistique est plutôt inquiétante. Mais ce qui m'inquiète surtout, c'est que seulement 3 % de la population féminine a découvert les joies de faire l'amour en se plaçant sur le dessus : je peux m'y adonner pendant des heures et descendre de mon perchoir favori les cheveux toujours impeccablement coiffés.

Flash enlève prudemment le sac de ma tête.

— Qu'est-ce qui cloche ?

— Ils sont trop plats.

— Contrairement à bouclés ?

— Non, contrairement à gonflés.

Je me plie en deux, secoue la tête plusieurs fois puis me redresse.

— Tu vois, comme ça.

Ma chevelure a pris un aspect ébouriffé du genre Julia Roberts sortant du lit mais il s'estompe au bout de trois secondes et mes cheveux s'aplatissent à nouveau.

— Je ne sais plus, dis-je, en m'étudiant dans la glace. Flash, tu crois que je devrais les faire couper courts ?

— Si tu veux.

— Mais tu crois que ça serait bien s'ils étaient courts ?

— Oui, naturellement, ça serait bien s'ils étaient courts.

— Alors tu penses que ce n'est pas bien quand ils sont longs ?

— Si je pense que c'est bien quand ils sont longs.

— Donc tu ne penses pas que ce serait bien s'ils étaient courts ?

— Je pense qu'ils sont très bien comme ils sont.

— Oh Flash, dis-je, en poussant un bruyant soupir. Tu dis ça seulement parce que tu m'aimes. Imagine que tu ne me connaisses pas et que tu me croises dans la rue. Tu ne penserais pas que mes cheveux ne ressemblent à rien ?

Ma bien-aimée concède :

— D'accord. Tes cheveux ne ressemblent à rien.

Je suis effondrée.

— Flash ! Comment peux-tu dire une chose pareille ?

— Je suis désolée. Je n'en pense pas un mot. Tes cheveux sont superbes.

— Tu appelles ça superbe ?

Je fronce les sourcils devant mon reflet.

— Comment peux-tu dire qu'ils sont superbes ?

— J'abandonne.

Elle se dirige vers la cuisine et remarque un sac sur la table.

— Qu'est-ce que c'est ? demande-t-elle. De la mousse

au chocolat ? Je peux en manger ?

Je hurle :

— Ne mange pas ça ! C'est pour mes cheveux.

Flash m'apporte la mousse.

— Pourquoi n'essaies-tu pas de faire une tresse ? suggère-t-elle. Ou une queue-de-cheval ?

— Ça ne sert à rien.

Je remonte mes cheveux dans un chignon et les laisse retomber à nouveau.

— Allez ma chérie, dit Flash, tentant de me réconforter. Ce n'est pas une vraie crise de coiffure indomptable.

— Tout juste. C'est une *vie entière* de coiffure indomptable.

Mes cheveux me posent des problèmes depuis le jour de ma naissance. En vérité, ils ont commencé *in utero*. Je l'ai découvert quand, suivant les instructions de mon docteur, j'ai demandé à ma mère si elle avait pris du DES quand elle était enceinte de moi.

— Non. J'ai pris du TUMS. *Oy*, tu m'as donné de sacrées brûlures d'estomac. Et tu sais ce qu'ils disent : Des brûlures d'estomac, ça signifie que l'enfant a beaucoup de cheveux. J'avais peur d'accoucher d'un bébé singe.

Surprise maman ! Tu as accouché d'un bébé lesbien, qui a quitté l'hôpital trois jours plus tard avec ses longs cheveux noirs bouclés retenus par un ruban rose — une *femme* dès le premier jour.

Mes cheveux frisés et moi nous sommes bien entendus pendant mon enfance. Puis j'ai eu 13 ans. En 1968. Mauvais timing. Les cheveux frisés n'étaient plus à la mode, mais les cheveux raides l'étaient. Toutes les filles en voulaient. Et mes cheveux refusaient tout simplement de se raidir — contrairement au reste de mon corps à l'approche d'un garçon, mais ça je ne le savais pas encore. J'ai d'abord essayé la méthode Tropicana. Comme Anita Bryant avait toujours bonne réputation, je trouvais naturel d'enrouler chaque nuit mes cheveux autour de huit boîtes de jus d'orange. Évidemment cela voulait dire que je devais dormir en restant assise, mais je n'en avais cure. Tant que cela marchait. Ça n'a pas marché.

Ensuite j'ai tenté la méthode du fer à repasser. J'ai posé ma tête sur la planche à repasser comme un poulet sur le point de se faire trucider. Ma meilleure amie s'est placée au-dessus de moi, le fer dans une main et de l'amidon dans l'autre. Mais juste au moment où elle s'apprêtait à procéder à l'opération, ma mère est entrée et a poussé un tel cri que deux policiers sont intervenus.

— Qui est mort ? ont-ils demandé.

— Personne, *pour l'instant*, a dit ma mère en me fusillant du regard.

L'expression « un regard qui tue » a pris tout son sens depuis ce jour-là.

J'étais déterminée à raidir mes cheveux, autant que mes parents le furent, des années plus tard, à m'assouplir à l'approche des garçons. J'ai essayé tous les produits, les gels, les crèmes et les sprays connus de la gent féminine. J'ai scotché ma frange à mon front. J'utilisais tellement d'épingles que je déclenchais les détecteurs de métaux partout où j'allais. Je refusais de sortir de la maison par temps de pluie, car ça accentuait les frisettes.

Mes parents, inquiets de cette obsession grandissante m'emmenèrent chez un psy. Le Dr Fraude utilisa l'hypnose :

— Soyez vos cheveux. Parlez au nom de vos cheveux. Que veulent-ils exprimer ?

— Nous voulons friser. Nous ne voulons pas nous aplatir.

— Que signifierait vous aplatir ?

— Friser la catastrophe.

— Quelle serait donc cette catastrophe ?

— Que Lesléa ne puisse plus tripoter nos anglaises !

Mes parents, qui étaient assis dans la salle d'attente, apprirent bien plus tard ce que mes cheveux avaient révélé sur ma sexualité.

— Flash, dis-je, en m'arrachant du miroir de la salle de bains pour retrouver ma moitié dans le salon, tu crois que je devrais passer un coup de fil à Buzz ?

— Si tu veux, répond-elle, préférant ne pas s'impliquer.

J'appelle mais bien sûr, Buzz, le coiffeur le plus en vogue de Lesbianville, ne peut pas me prendre avant quinze jours.

Je compte les heures comme si j'allais voir ma maîtresse. Je lis des dizaines de magazines de mode et découpe des photos de stars de cinéma aux cheveux sublimes. Ma propre chevelure se défraîchit d'heure en heure. Je la surnomme « nid de rat ». « Buisson ». « Serpillière ».

Le jour finit par arriver. Je me lave les cheveux, applique un après-shampooing, puis me sers du séchoir car Buzz ne doit voir que le meilleur de moi-même. Cinq minutes avant mon rendez-vous, je cours jusqu'au miroir pour vérifier une dernière fois l'état de mes cheveux. Tout à coup, ils sont magnifiques. Superbes. Absolument parfaits. Je m'empare du téléphone et raconte à Buzz que j'ai la migraine. Il compatit. Vingt minutes plus tard, j'aperçois à nouveau mon reflet dans la glace. Ma coiffure est horrible. Je rappelle.

— Guérison miracle ? demande Buzz.

Nous avons déjà vécu ça cent fois.

J'arrive au salon et laisse Buzz me conduire jusqu'à un fauteuil. Il m'enveloppe d'une cape couleur lavande.

— Qu'est-ce qu'on vous fait aujourd'hui ? demande-t-il, en passant ses doigts dans mes cheveux.

Instantanément, ils redeviennent superbes. Rien ne vaut le talent d'une tante oxygénée.

— Comment avez-vous réussi ça ? Vous ne voulez pas emménager avec Flash et moi ?

Ce n'est pas la première fois que je le supplie. Je lui annonce que je veux qu'il me rase les cheveux.

— Non, non, non. Il est inflexible. Le look à la Sinéad O'Connor n'est plus du tout à la mode cette année.

Il réfléchit une minute :

— Et le look Margarethe Cammermeyer ?

— Trop *butch*.

— Vous avez raison. Il joue un instant avec mes cheveux. Et un look à la Madonna ?

— Lequel ?

— Sa phase *Breathless Mahoney*.

— Parfait.

Il approuve et commence à couper. Bientôt le sol est couvert de boucles noires humides et mes cheveux ne m'arrivent plus qu'aux épaules. Je me fixe dans la glace, dubitative.

— Ne vous énervez pas. C'est plus long qu'il n'y paraît, me rassure-t-il.

Je fais la moue :

— Bien sûr. Je parie que vous dites ça à tous les garçons.

— Ne soyez pas méchante, dit-il, en faisant claquer les ciseaux dangereusement près de mon oreille.

Buzz me sèche les cheveux et je dois reconnaître qu'ils ont fière allure. Je suis aussi parfaitement consciente de ne jamais pouvoir retrouver cet effet quand je serai seule dans ma salle de bains. Je m'en plains à Buzz qui me rejoint sur ce point.

— Il y des choses qu'on n'arrive pas à se faire tout seul. On est toujours déçu. Croyez-moi, j'en ai fait l'expérience, glousse-t-il.

Buzz me rappelle que mes cheveux sont en état de choc. Comme ma petite amie le soir même quand elle rentre à la maison. Elle cligne les yeux de surprise.

— Je pensais que tu allais juste te faire coiffer, dit-elle en tendant la main pour toucher mes cheveux.

— Ne touche pas ! dis-je, en donnant une tape sur sa main. Tu vas les aplatir.

— Je n'ai plus le droit de te caresser les cheveux ?

— Plus de caresses. Tu peux remuer, tu peux soulever, tu peux ébouriffer, mais tu ne peux plus caresser.

Je virevolte afin qu'elle puisse me voir sous tous les angles.

— Est-ce que tu aimes ?

— C'est mignon, dit-elle, mais sa voix la trahit.

— Tu n'aimes pas.

— Je dois m'habituer.

— Je savais que tu ne m'aimerais pas avec les cheveux courts.

— J'aime tes cheveux courts.

— Alors tu n'aimais pas mes cheveux longs ?

— Si, j'aimais tes cheveux longs.

— Alors tu n'aimes pas mes cheveux courts ?

— Si, je les aime courts. Je pense qu'ils sont très bien comme ça.

— Mais tu préférerais qu'ils soient longs.

— Non, je ne préférerais pas qu'ils soient longs. Je suis contente qu'ils soient courts.

— Tant pis car je vais les laisser pousser.

— Peut-être que je devrais les faire pousser aussi, dit-elle en se passant les doigts dans les cheveux.

Je la regarde horrifiée.

— Non ! J'adore tes cheveux.

— J'adore tes cheveux aussi. Et tu sais pourquoi ?

— Pourquoi ?

— Parce qu'ils sont à toi.

— Oh Flash !

Je saute au cou de ma bien-aimée et, dans un élan d'amour, la laisse me décoiffer autant qu'elle le souhaite.

Car, au fond, il n'y a vraiment pas de quoi couper les cheveux en quatre.

Butch en formation.

— Un paquet pour toi !

Flash souffle comme un bœuf et dépose en grognant un énorme carton sur la table de la cuisine.

— Ça vient d'où ?

— Ton éditrice.

— Mon éditrice ? Qu'est-ce qu'elle m'envoie ?

Curieuse, je regarde Flash ouvrir la boîte avec son couteau et en verser le contenu sur la table. Des enveloppes, des enveloppes partout et à perte de vue.

— Des lettres d'admiratrices !

J'en jette une poignée dans les airs. Puis j'en saisis une qui tombe du ciel et l'ouvre avec excitation. Mais il n'y a pas de courrier à l'intérieur. Juste une photo. Et pas n'importe quelle photo : un portrait de *femme* ne portant rien d'autre qu'une ficelle entre les fesses.

— Qu'est-ce que c'est que ça ?

Je reprends l'enveloppe pour essayer de comprendre et remarque qu'elle est adressée à ma bien-aimée.

— Flash, c'est pour toi.

— Fais-moi voir.

— Pas question !

— Eh ! Celle-là est aussi pour moi !

Flash ouvre l'enveloppe et des effluves de Poison remplissent la pièce. Elle se met à lire à haute voix.

— « Chère Flash, je suis une *femme* de 22 ans, blonde, aux yeux bleus, bien en chair et je recherche une *butch*... »

— Donne-moi ça !

Je lui arrache la lettre des mains mais elle en ouvre une autre :

— « Chère Flash, si vous retrouvez vos esprits et vous décidez enfin à quitter cette femme... »

— Sont-elles toutes pour toi ?

Je ne peux m'empêcher de gémir.

— Non.

Elle pêche une enveloppe dans le tas :

— Celle-là est adressée à Raven.

— Oh, zut !

Je continue à chercher et sort enfin un courrier qui m'est adressé. Voici ce que j'y découvre :

> « *Chère Lesléa, je lis votre chronique depuis des années et je dois absolument savoir : Flash est-elle aussi extraordinaire que vous le dîtes ? Et si c'est le cas, accepteriez-vous de la partager ?* »

Écoutez bien les filles : évidemment, Flash n'est pas aussi extraordinaire que je le dis. Elle est vraiment trop extraordinaire pour que de simples mots sur le papier puissent en rendre compte. Et non, je n'accepte pas de la partager. Même quand j'étais enfant, je ne laissais personne approcher mon jouet favori, alors tiens-toi-le pour dit, fillette.

Mais je vais vous confier un petit secret : quand j'ai rencontré Flash, elle n'était pas encore tout à fait dégrossie. Je ne m'en suis pas inquiétée pour autant. La plupart des *butches* ont besoin d'être formées. Vous aussi, vous pouvez transformer votre *butch* en une *butch* de rêve et la faire manger dans votre main — ou sur tout autre partie de votre corps au choix — en un clin d'œil maquillé. Mais vous devez vous y prendre au plus tôt.

J'ai commencé à former Flash, à son insu, lors de notre premier rendez-vous. Je dois reconnaître quand même qu'elle en savait déjà assez pour m'inviter un samedi soir et venir me chercher à 20 heures — si votre *butch* propose de vous retrouver un mardi soir et de vous laisser prendre le volant, ce n'est pas la peine d'insister. Flash en savait aussi assez pour se présenter vêtue d'une chemise et d'un pantalon fraîchement repassés, de chaussures sympas et elle en savait assez pour ne pas arriver en retard.

Elle avait même pensé à m'apporter une fleur. Une rose, pour tout dire. Ce qui aurait fait plaisir à n'importe quelle *femme*. Mais je ne suis pas n'importe quelle *femme*. Je suis ce que certaines appellent une *femme fatale*. Personnellement, je préfère l'appellation *femme fatale au portefeuille*. Même si son geste partait d'une bonne intention, il était clair que Flash avait besoin d'une leçon de calcul : les diamants s'offrent à l'unité. Les chaussures s'offrent par deux. Les roses s'offrent par douzaine.

Comme les *butches* ont tendance à être susceptibles, j'ai abordé la question avec mon tact habituel. J'ai accepté la rose et j'ai dit merci comme une vraie dame. Puis j'ai sorti un énorme vase dans lequel j'ai versé suffisamment d'eau pour remplir l'océan Atlantique. Flash s'est étonnée :

— Tu n'as rien de plus petit ?

— Non.

J'ai posé l'unique rose sur la table, faisant ainsi passer un message visuel.

Une minute plus tard, Flash a commis sa deuxième erreur. Elle m'a dit :

— Tu es très bien.

N'importe quelle *femme* aurait pris cela pour un compliment. Mais la *femme fatale au portefeuille* que je suis n'avait pas passé ces quinze derniers jours à chercher la tenue idéale et ces sept dernières heures à prendre un bain, s'épiler, se décolorer les poils, se limer et se vernir les ongles, se démêler, se brosser et se sécher les cheveux, utiliser de la mousse, du gel et du spray et appliquer trois kilos de maquillage pour que tous ses efforts se résument en un petit mot de quatre lettres. J'ai organisé la volée de compliments en allant de bas en haut.

— Tu aimes ces chaussures ? ai-je demandé en virevoltant sur mes talons de huit centimètres.

— Elles sont superbes.

— Et que penses-tu de cette jupe courte ? Elle ne me va pas mal, non ?

Mes doigts ont caressé le tissu.

— Elle te va à ravir.

— Et mon parfum ? Il n'est pas trop sucré ?

J'ai agité le poignet sous son nez.

— Tu sens vraiment très bon.

— Tu penses que mes cheveux sont bien coiffés ?

Je les ai triturés devant la glace.

— Ils sont magnifiques.

Quand je me suis sentie suffisamment admirée, j'ai annoncé que j'étais prête à partir en lançant un regard à mon manteau, posé sur le dossier d'une chaise. Flash n'a pas esquissé un geste. J'ai donc pris le manteau, le lui ai tendu avant de me retourner. J'ai glissé les bras dans les manches. Puis je l'ai remerciée avec un grand sourire.

Lorsque nous sommes descendues à sa voiture, elle a commis une nouvelle faute : elle s'est dirigée vers le siège du conducteur pour s'installer au volant. J'ai attendu devant la portière sur le trottoir. Quand elle a crié « C'est ouvert ! », j'ai répondu « Pour moi, ça n'a vraiment pas l'air d'être ouvert !»

Nous avons pris la direction d'un petit restaurant intime dans la banlieue de Lesbianville. Flash a garé la voiture puis elle en est sortie. Je l'ai regardée s'éloigner dans le parking puis se rendre compte qu'elle était seule. À moins de faire demi-tour et d'ouvrir ma portière, elle risquait fort de dîner en solitaire. Je lui ai pris le bras comme s'il m'appartenait déjà — une excellente façon de te diriger ma chère — et je l'ai conduite sur le trottoir, la laissant seulement partir pour qu'elle ouvre la porte du restaurant et que je puisse y entrer la première.

Une fois à notre table, j'ai préféré m'asseoir simplement plutôt que d'enseigner à Flash l'art subtil de tirer la chaise d'une dame. J'ai gardé cette leçon pour le deuxième rendez-vous afin de ne pas trop la submerger. Cependant, quand le serveur a voulu savoir ce que nous désirions boire et que Flash a déclaré sans l'ombre d'une hésitation « Je prendrai une... », j'ai dû tout bonnement envoyer valser mon couteau et lui demander de le récupérer pour pouvoir commander mon verre de vin blanc avant qu'elle ne demande sa Budweiser.

Pendant le repas, je lui ai appris à accorder toute son attention à une *femme*. Quand elle commençait à se concentrer sur quelque chose d'autre — son plat par exemple —, je haussais légèrement les épaules afin que la fine lanière de mon bustier glisse sur mon épaule dans un mouvement lent et fascinant.

Au dessert, j'ai choisi de la mousse au chocolat et je me suis servi de ma langue avec le maximum d'effets. J'imaginais que Flash, comme la plupart des *butches*, était vraiment subjuguée — et déconcertée — par tout mon attirail féminin. Je fouillais souvent dans mon sac. — je l'entendais presque se demander : *Qu'est-ce qu'elle peut bien avoir là-dedans ?* J'ai retouché mon rouge à lèvres à table, bien entendu — Flash, émerveillée s'est interrogée en silence : *Comment peut-elle faire ça sans miroir ?* Avant la fin du repas, j'avais accompli ma mission et je l'avais convaincue que j'étais, sans aucun doute possible, la *femme* de ses rêves et qu'elle ne pouvait plus vivre sans moi, tout simplement.

Quand elle m'a reconduite chez moi, à la fin de la soirée, j'ai senti qu'elle était nerveuse. Elle s'est arrêtée dans mon allée sans éteindre le moteur. Ce qui lui a valu un regard indigné de ma part lui disant : *Tu penses que je ne suis pas assez attirante pour que tu finisses la soirée avec moi ?* Elle a immédiatement coupé le moteur, ce qui a suscité un autre regard indigné : *Comment oses-tu imaginer que je veuille t'inviter à prendre un dernier verre ?* La pauvre ne savait plus où elle en était, ce qui était l'effet recherché. Elle s'est enfin décidée à dire :

— Puis-je avoir l'honneur d'entrer dans ta maison ?

Elle me le demande encore à chaque fois que nous

rentrons après une soirée, même si nous habitons ensemble depuis six ans.

Une fois à l'intérieur, j'ai créé une ambiance propice avec des bougies, de la musique et du vin. J'ai invité Flash à s'asseoir sur le canapé, puis je me suis installée sur ses genoux, en fermant les yeux et en avançant les lèvres. Quand elle m'a finalement embrassée, j'ai joué la surprise, comme si cette idée venait d'elle. Puis je l'ai laissée prendre la direction des opérations, et elle s'est révélée la *butch* de mes rêves, en dépassant mes rêves les plus osés.

Mais comment aurais-je deviné que j'allais créer un monstre ? Des années plus tard, Flash est noyée jusqu'aux coudes dans du courrier de *femmes* fatales et ça ne me plaît pas du tout.

— Écoute celle-là, dit Flash. « Chère Flash, je suis en train d'écrire un livre intitulé *Les Butches viennent de Mars, Les Femmes viennent de Vénus*, et je suis persuadée que vous feriez une parfaite assistante dans mes recherches... »

— Tu peux toujours courir, fais-je, en lui arrachant la lettre des mains. Tu ne répondras à aucune de ces lettres. C'est moi qui le ferai !

— Ne me dis pas que tu es jalouse ?

— Jalouse, moi ? Je ne suis pas jalouse, dis-je, en prenant un stylo. Je vais juste remercier tes admiratrices d'avoir écrit et leur faire savoir que si elles osent encore envoyer d'autres lettres...

— Attention à ce que tu écris, dit Flash, nerveusement. Je ne voudrais pas qu'elles pensent que tu me mènes par le bout du nez.

— Je ne te mène pas par le bout du nez, Flash.

— Ah bon ?

Elle a l'air surprise.

— Bien sûr que non. Je contrôle seulement tes pulsions sexuelles.

— Je vais te montrer qui contrôle mes pulsions sexuelles !

Elle envoie toutes les enveloppes par terre, me soulève et me met sur son épaule comme un sac de pommes de terre. Elle me porte jusqu'à la chambre où elle me prouve une fois de plus qui porte la culotte dans cette maisonnée. Et si elle croit qu'elle est à l'origine de cette initiative, à quoi servirait de la contredire ?

Qui veut voyager loin, échange ses chaussures.

— Dis-moi que je rêve, gémit Flash. Dis-moi que tout ça est un cauchemar.

— C'est un cauchemar, ma chérie, mais tu ne rêves pas.

Je secoue la tête devant le triste spectacle qui s'offre à moi : ma Flash chérie assise dans sa voiture bien aimée, avec les pneus arrières sur la terre ferme et les roues avant enfoncées dans le sable à hauteur des enjoliveurs.

Comment en sommes-nous arrivées là ? Cela n'était pas compris dans nos vacances. L'idée était de profiter de deux longues semaines voluptueuses et dénuées de stress au Cap Cod. Ce soir, nous avions prévu d'être à Provincetown pour un spectacle de Robba Paillettes, drag queen mondialement connue.

Je m'étais mise sur mon 31 — pour éviter que les garçons me surpassent —, en choisissant la jupe la plus courte, les boucles d'oreilles les plus longues, les talons les plus hauts et la coiffure la plus volumineuse. Flash, fringante dans sa chemise en soie noire et son pantalon de toile, nous a conduites dans le parking à la recherche d'une place pour se garer. L'endroit était bondé. Elle s'est dirigée vers le fond du parking, loin d'imaginer que des déboires l'attendaient au coin du bois sous la forme d'une bande de sable déguisée en dernière place de stationnement libre sur toute la planète. Qui aurait pu penser que la Déesse pouvait s'avérer si cruelle ?

Je lui suggère d'une voix douce :

— Tu pourrais sortir de la voiture, Flash. On s'occupera de ça après le spectacle.

— Tu es folle ? rétorque-t-elle, en restant derrière le volant comme un véritable capitaine prêt à sombrer avec son navire.

Soudain, je me rends compte que la personne à qui j'ai affaire est une *butch*. En d'autres termes, une femme qui apprécie la bonne bière autant que la bonne baise. Une femme qui ne prendra pas la serpillière à l'intérieur de la maison mais qui passe des heures chaque week-end à laver, cirer, briquer, lustrer et dépoussiérer sa voiture — sans oublier de nettoyer les rainures du levier de vitesse avec un cure-dents.

Flash a dit un jour que si elle devait se retrouver sur une île déserte en prenant seulement une chose — en plus de moi bien sûr —, elle choisirait sa voiture. Moi, en revanche, j'emporterais mon sac à main, qui est assez grand pour contenir la voiture de Flash et tout ce dont je pourrais avoir besoin, mais ça c'est une autre histoire. Pour moi, une voiture c'est un tas de ferraille qu'un chauffeur utilise pour me conduire n'importe où. Pour Flash, une voiture c'est un objet de beauté source de joie éternelle.

J'ai probablement des difficultés à la comprendre parce que j'ai grandi à Brooklyn, où personne ne possède de voiture. Cela s'explique par le fait qu'il n'y a pas d'endroit où la mettre, à moins d'avoir assez d'argent pour payer une place de parking qui coûte plus cher que votre loyer, et si vous avez cet argent, pourquoi diable auriez-vous envie de vivre à Brooklyn ?

Quand ma famille a déménagé à Long Island, j'ai passé des années à chercher les stations de métro. J'ai fini par réaliser qu'il n'y en avait pas parce que chaque maison possédait un garage à deux places. Ce qui voulait dire qu'ils avaient des voitures et que tout le monde savait conduire. Ce qui voulait dire que je devais apprendre à conduire aussi.

J'ai commencé les leçons de conduite à l'âge de 17 ans. Melle Ford, ma monitrice, a passé la première séance à m'apprendre comment entrer et sortir du véhicule comme une dame. Pour celles qui auraient raté cette importante leçon, suivez-moi bien : d'abord vous baissez doucement votre séant sur le siège, en maintenant votre dos droit et en gardant la tête haute. Puis, les cuisses parallèles au sol, les genoux serrés et les jambes formant un angle de 90° parfait, vous vous servez de vos abdominaux pour lever lentement les jambes et les faire *pivoter*. J'ai dû répéter la manœuvre pendant des semaines, à la fois du côté conducteur (pivotant de gauche à droite) et du côté passager (pivotant de droite à gauche) avant que Melle Ford ne m'autorise à conduire la voiture sur la route.

Puis le grand jour du permis est arrivé. À vrai dire, il y a eu une longue série de grands jours car j'ai dû le repasser cinq fois. Je n'y étais pour rien. L'examinateur, M. Acier — nommé ainsi à cause ses nerfs —, ne m'aimait pas. Il m'a fait faire un créneau en côte. Il m'a demandé de changer de file juste au moment où nous arrivions sur un feu — bien entendu, je n'ai pas vu qu'il était rouge car j'étais trop occupée à regarder dans mon rétroviseur. M. Acier me rendait si nerveuse que mes demi-tours en trois temps devenaient des demi-tours en 23 temps.

Lors de ma quatrième tentative, je lui ai dit en entrant dans la voiture :

— Il faut que nous arrêtions de nous voir dans ses conditions.

Il n'a pas décoché de sourire : il m'a recalé sur le champ pour avoir introduit la clé de contact *avant* d'avoir mis ma ceinture, alors que je n'avais même pas démarré.

Ce fut la goutte d'eau. De toute évidence, des mesures drastiques s'imposaient. Le jour de ma cinquième tentative, j'ai porté la minijupe la plus courte que ma mère m'autorisait à mettre en dehors de la maison et je me suis débrouillée pour monter dans la voiture exactement comme une dame n'aurait jamais osé le faire. Inutile d'ajouter que M. Acier m'a donné mon permis haut la main.

Et je suis fière d'affirmer que je n'ai jamais eu d'accident ni même de gros pépins depuis — évidemment, je ne fais que des allers-retours jusqu'au magasin de chaussures. Ah, si ! Il y a eu cette fois où je suis allée de Lesbianville à New York et où le pot d'échappement est tombé sur le trajet du retour. J'ai fait ce que toute *femme* vive d'esprit aurait fait : j'ai enlevé mes collants, je m'en suis servi pour attacher le pot d'échappement et je suis rentrée à la maison sans encombre.

— Tu as fait quoi ?! m'a demandé Flash, abasourdie. Tu sais que ça peut être dangereux ?

Le lendemain, elle est rentrée à la maison les bras chargés de cartes routières, de boîtes d'allumettes, de câbles de démarrage, de crics, de balises, de lampes torches, de jerricanes, de couvertures, de rations de nourriture lyophilisée, et d'une énorme banderole sur laquelle on pouvait lire *Au secours* ! C'était exactement ce dont j'avais besoin dans ma voiture.

— Je t'ai apporté ça aussi, a-t-elle ajouté en me tendant un petit paquet-cadeau, joliment emballé.

— Qu'est-ce que c'est ?

J'ai déchiré le ruban. À l'intérieur se trouvait une carte plastique. J'ai crié :

— Une carte de fidélité !

— Pas exactement. C'est une carte de l'Automobile Club. Ne sors jamais de la maison sans elle, m'a conseillé Flash d'un ton solennel.

— Où est la tienne ? ai-je demandé.

— Je n'en ai pas besoin, a-t-elle répliqué, d'une voix assurée.

Bien sûr, elle sait changer l'huile, remplacer une roue, démarrer sa voiture en branchant la batterie sur une autre et même ouvrir une serrure avec une épingle. Mais de toute évidence, elle ne peut pas remorquer sa voiture. Heureusement, elle a toujours sa *femme* dans son sillage et mieux encore, sa *femme* qui suit toujours les conseils de sa *butch*. Je vais faire sortir notre voiture de ce sable en un rien de temps.

Je pêche la carte de l'Automobile Club de ma poche et la montre à Flash.

— Je reviens tout de suite. N'en profite pas pour partir, dis-je en essayant de lui arracher un sourire.

Son visage reste aussi imperturbable que celui de M. Acier.

Je traverse le parking jusqu'au bâtiment. Je n'ai même pas le temps de chercher une cabine dans le hall qu'un couple de quinquagénaires m'assaille. Le mari et la femme ont des tenues assorties : un bermuda de style hawaïen et un tee-shirt où est inscrit : *MON FILS A FAIT SON* COMING-OUT *ET TOUT CE QUE J'Y AI GAGNÉ, C'EST CE TEE-SHIRT MINABLE.*

— Oooh ! regarde George. On dirait vraiment une femme.

— Tu te trompes, Ethel. Tu as vu ses pieds ? Ils sont *énormes*. Ils disent qu'on peut toujours savoir en regardant les pieds.

Je jette un coup d'œil autour de moi avant de me rendre compte avec horreur que George et Ethel sont en train de parler de *moi*. Je rugis de colère :

— Je *suis* une femme, *pas* une drag queen !

— C'est un homme, pas de doute, conclut George. Sa voix le trahit.

— Je ne suis *pas* un homme !

Je hurle à présent en tapant du pied sur le sol.

— Il croit réellement qu'il est une femme, s'émerveille George.

— *Elle,* George, tu es censé dire *elle*. Tiens, prends une photo, prends une photo.

Ethel met son bras autour de ma taille et George nous mitraille. Quelqu'un d'autre me demande un autographe. Dans un moment d'inspiration magique, je m'invente un nom de drag queen : Clara Melmou. Un attroupement commence à se former.

— Excusez-moi, dis-je, mais le rideau va bientôt se lever.

Sur ces mots, je me précipite dans les coulisses et dans la loge de Robba Paillettes.

— Chérie, tu es *fabuleuse* !

Robba dépose une bise sur ma joue.

— Cette jupe ! Ces boucles d'oreilles ! Et ces *chaussures* ! Il faut absolument que je les essaie !

Je quitte mes chaussures et Robba glisse ses pieds taille 45 à l'intérieur : elles lui vont comme un gant.

— Écoutez, Robba, dis-je, je vous échange ses chaussures contre l'utilisation de votre téléphone.

— Mon dieu ! hurle Robba, vous êtes une fille !

Au moins elle sait reconnaître une vraie voix de femme. Elle met les mains sur les hanches et me fusille du regard :

— C'est quoi ce bordel ? *Victor/Victoria* ?

Je lui explique la situation et elle se montre des plus compréhensives. Elle m'indique le téléphone où je passe un bon quart d'heure à écouter du Muzak avant d'avoir quelqu'un en ligne.

— Ils seront là dans moins d'une heure.

Je me précipite pour en informer Flash. Elle est sortie de la voiture et dirige la circulation.

— Vous, dans la Toyota blanche, reculez vous. Cette voie ne doit être encombrée. Une dépanneuse va venir.

J'observe ma *butch* avec admiration. Toutes ces années de contrôle du parking du Festival de Musiques de Femmes du Michigan s'avèrent aujourd'hui profitables.

— Eh ! Où sont tes chaussures ? dit Flash en remarquant mes pieds nus.

— Ne me demande rien, fais-je en secouant la tête. Écoute, j'ai de bonnes nouvelles. Les gars de l'Automobile Club seront là dans moins d'une heure.

Ouais ! Et je m'appelle Barbra Streisand. Après exactement cinquante-neuf minutes, je retourne téléphoner.

— Oh vous êtes à Provincetown ? s'étonne l'employée. J'avais compris Providence.

— Providence ? Vous voulez dire Rhode Island ?

J'essaie de ne pas parler trop fort car Robba est sur scène en train de faire un numéro de Bette Middler, version soft.

L'employée m'assure qu'elle va m'envoyer quelqu'un immédiatement et je m'empresse de le dire à Flash. Juste au moment où Robba entame *Enough Is Enough*, la dépanneuse arrive.

— Salut ! Je m'appelle Diesel.

Une femme avec des cheveux noirs coupés courts sort du camion et serre la main de Flash. Je suis surprise de voir une lesbienne. C'est vrai, nous sommes à Provincetown après tout.

Diesel a une carrure à pouvoir soulever la voiture de Flash de ses mains nues. Elle sort les chaînes, les traîne jusqu'à notre véhicule inutile et disparaît en dessous pour évaluer la situation. Sans dire un mot, elle se lève, retourne au camion, fait rugir le moteur et avance en vrombissant.

— Ma voiture ! s'écrie Flash, voyant déjà sa fierté et sa joie bondissant du sable et volant dans les airs comme dans un dessin animé.

— Du calme, Flash. Elle n'a pas encore accroché les chaînes.

J'essaie de rassurer ma bien-aimée dont les nerfs sont mis à rude épreuve.

Diesel revient.

— J'étais trop près, explique-t-elle en s'accroupissant.

Cette fois elle attache les chaînes à la voiture et repart vers la dépanneuse pour mettre les gaz.

Flash s'agenouille.

— Allez, ma puce ! Allez, ma puce ! Tu peux y arriver, ma puce ! Oui, c'est ça ! Vas-y ma puce, fais le pour moi ! Oui, oui, oui ! dit-elle d'une voix rauque comme si elle m'encourageait pour atteindre l'orgasme au lieu de cajoler sa voiture pour qu'elle sorte du sable.

Enfin le véhicule se met à bouger. Une minute plus tard, les quatre roues sont sur la terre ferme. Et deux minutes après, Flash est au volant et nous nous éloignons du parking avec dans les oreilles le rappel de Robba *Everything's Coming Up Roses*.

— Et tout ça pour rater le spectacle, dit Flash.

— Tu ne crois pas si bien dire !

Je lui raconte tout sur George, Ethel et Clara Melmou

Elle sourit pour la première fois de la soirée.

— Heureusement qu'ils ne t'ont pas demandé de chanter.

— R.E.S.P.E.C.T, dis-je en imitant une jeune et talentueuse Aretha incapable de reconnaître les notes.

— S'il te plaît, implore-t-elle. Tu sais quoi ? Si tu arrêtes de chanter, je t'achète des chaussures demain.

Cela me fait taire instantanément. Je pince les lèvres et reste silencieuse jusqu'à la maison, ravie que cette soirée ne soit pas, en fin de compte, un fiasco complet.

Quand le stylo détrône la météo

C'est encore la même histoire ce mois-ci. Je suis assise devant la télévision, à pleurer dès que je vois le Bibendum Michelin enrobé dans des pneus ; Murphy Brown lançant son petit garçon Avery dans les airs comme un Frisbee ; Roseanne et Jackie se disputant sur la façon d'habiller le fils de cette dernière : la couleur rose le rendrait pâlichon. Même l'image du petit Ricky (qui doit avoir au moins mon âge à présent) rampant dans un épisode rediffusé de *I Love Lucy*, me met les larmes aux yeux.

— Eh, Flash !

J'appelle mais ma bien-aimée n'est pas dans les parages. Ce n'est pas un sujet de discussion qu'elle adore. Elle ne pourra cependant pas m'éviter très longtemps. Je me faufile dans le lit et fais semblant de dormir. Dès qu'elle se glisse près de moi, j'ôte mon masque de beauté couleur léopard et commence à gémir.

— Mais notre bébé serait si mignon, Flash. Elle aurait mes cheveux, tes yeux...

— As-tu oublié que deux lesbiennes ne peuvent concevoir un enfant ?

Elle a toujours le chic pour chercher la petite bête. Elle m'observe un moment puis il lui vient une idée.

— Eh ! Je sais ce qui peut te dérider ! Demain je

t'emmène en voyage d'étude.

— Où ça ?

— C'est une surprise.

— Mais je ne vais pas savoir comment m'habiller !

— Habille-toi simplement, conseille-t-elle. Et maintenant dors !

Le lendemain matin, je suis levée tôt, toute pimpante dans ma courte robe noire et mes chaussures en daim à talons plats.

— J'avais dit *simplement*, me rappelle Flash en inspectant ma tenue.

— Mais *c'est* simple, je te signale. Si je m'étais vraiment habillée, je porterais des boucles d'oreilles plus longues, des talons plus hauts, des bracelets plus brillants, un rouge à lèvres plus sombre...

— Tu as raison. Allons-y.

Nous montons dans la voiture et Flash nous conduit jusqu'à la sortie de Lesbianville. Bientôt elle s'arrête dans le parking d'un magasin appelé *Joie des Jouets*.

— Oh Flash ! Tu es une petite coquine !

Je brise ma sacro-sainte règle en sautant de la voiture avant même que Flash n'ait la possibilité d'ouvrir ma portière. Cela fait *des années* que j'essaie de convaincre ma bien-aimée, qui est une ancienne nonne, de m'accompagner dans un sex-shop.

Je me précipite à l'intérieur du magasin et constate, à ma grande déconvenue, qu'il ne s'agit pas là de jouets pour jouir mais de jouets pour jouer. Et aussi de gadgets pour materner. Au lieu de pinces à seins, je ne vois que des *tire-lait*. Des culottes en plastique au lieu de culottes en dentelle. Des draps Mickey Mouse plutôt que des draps en satin noir. Des livres intitulés *Dix Façons de garder votre bébé au lit toute la nuit* au lieu de *Dix Façons de garder votre amante au lit toute la nuit*. Ai-je vraiment envie de voir ma vie ressembler à ça ?

Ah et les fameux bébés ! Il y en a partout : douze bébés qui crient, onze bébés qui hurlent, dix bébés qui pleurent, neuf bébés qui bavent, huit bébés qui hoquettent, sept bébés qui rotent, six bébés qui font caca. Cinq paires de jumeaux ! Quatre bébés qui s'agrippent, trois bébés qui frappent, deux bébés qui crachent, et un bébé qui vomit sur ma chaussure.

Je lance à *mon* bébé un regard qui veut dire : *Fais-moi sortir d'ici !*, et nous fuyons à toutes jambes.

— Merci beaucoup Flash, dis-je en lui lançant un regard furieux et en essuyant mon talon avec un Kleenex. Ces chaussures sont *foutues*.

— Juste une petite dose de réalité, ma chère, répond ma bien-aimée en nous conduisant à la maison.

Je suppose qu'elle a raison. La question n'est pas de savoir si je désire un enfant ou pas. La question est que je ferais une mère pitoyable. Ce qui me rappelle une fois encore que je ne souhaite pas vraiment *être* une maman. Je souhaite *avoir* une maman.

— Flash, dis-je, te rends-tu compte que ma mère ne m'a pas appelée depuis six mois ?

— Ton index n'était pas cassé la dernière fois que je l'ai vu !

— Tu as raison. Je suis une fille pitoyable.

— Il n'est jamais trop tard pour avoir une enfance heureuse, lit Flash sur un autocollant de la Subaru devant nous.

Je prends ça comme le signe qu'il me faut renouer avec ma mère. Je décide de l'appeler une fois par semaine, ainsi que le ferait une fille modèle.

Dimanche après-midi arrive et je n'ai toujours pas trouvé le moyen de prendre le téléphone. Finalement, Flash me montre l'appareil à 16 h 59. Il n'est pas question que j'appelle après 17 heures, quand les tarifs sont plus élevés. Je fais signe à Flash de sortir de la pièce, m'assois sur le canapé et compose le numéro.

— Allô ?

— Bonjour maman.

— Vous avez dû faire un mauvais numéro !

Elle raccroche. Je la rappelle.

— Maman, c'est moi.

— Allô ? Qui est à l'appareil ?

— C'est moi.

— Qui ?

— Ta fille.

— Oh, c'est toi. Je ne te reconnaissais pas — traduction : ma propre fille ne m'a pas appelée depuis si longtemps que j'ai oublié jusqu'au son de sa voix. Alors quoi de neuf ?

— Euh...

Je me creuse les méninges. Comment est-il possible que je ne trouve rien à dire à ma mère après six mois de silence ? Je parle à Raven quinze fois par jour et j'ai toujours au moins vingt-cinq choses à lui raconter à chaque appel. Réfléchis, réfléchis, réfléchis.

— Eh bien, Flash et moi sommes parties dans le Maine le week-end dernier.

— Vraiment ? Quel temps avez-vous eu ?

Quel temps ? Ma chérie et moi n'avons pas émergé des profondeurs de notre chambre d'hôtel assez longtemps pour nous faire une idée, ce qui était le but de notre escapade à vrai dire.

— Pas trop mal, je crois.

— Il n'a pas plu ? Ici, ça a été humide tout le week-end.

Là-bas aussi ça a été humide tout le week-end, mais je doute fort que ma mère souhaite avoir plus de détails sur *cette question*. Je tente de changer de sujet.

— Maman, je pars en tournée pour la promotion de ma nouvelle anthologie de poé...

— De la pluie, de la pluie, de la pluie du vendredi soir au dimanche après-midi, m'interrompt-elle. Ça tombait par seau, je peux te dire.

— Poésie lesbienne, dis-je en finissant ma phrase. Ils m'envoient à New York, Washington, Chicago, Denver, San Francisco, Los Angeles...

— Il fait très froid à Chicago. Tu sais, ils ont ce vent qui vient du lac. Et à Denver, je crois qu'ils ont déjà de la neige. Los Angeles est sympa, s'ils n'ont pas de tremblements de terre. San Francisco est humide, tu auras besoin d'un pull...

J'essaie de changer une nouvelle fois de sujet.

— Votre week-end s'est bien passé ?

— Oh, le week-end a été très agréable. Samedi, il a fait bon, pas trop chaud. Le ciel s'est couvert dans l'après-midi mais il n'a pas plu. Le temps était menaçant, on a eu peut être deux ou trois gouttes mais rien de bien méchant, pas de quoi en faire toute une histoire...

Alors pourquoi es-tu en train d'en faire toute une histoire ? ai-je envie de hurler. Bien entendu, je me retiens.

— Écoute, maman, je dois y aller : c'est le flash météo à la télé, dis-je tandis que Flash montre le bout de son nez.

— Ah oui. Il ne faut surtout pas rater ça.

— Je sais. Je te rappelle.

Je raccroche. Et je reste assise. Assise. Assise. Tout à coup, j'ai l'impression que je ne pourrai plus jamais me lever de ce canapé.

Flash, pressentant un malaise, entre et vient s'installer à côté de moi.

— Eh, c'était le premier coup de fil. Les choses vont sans doute s'arranger avec celui de la semaine prochaine.

— Pourquoi est-ce que je l'appellerais la semaine prochaine ?

— Parce que tu as dit que tu appellerais ta mère toutes les semaines.

Je la regarde comme si elle avait perdu l'esprit.

— Je n'ai jamais dit ça, Flash. Ton imagination travaille trop.

Ma chère et tendre ignore ma remarque.

— De toute façon, tu dois l'appeler la semaine prochaine, dit-elle. C'est son anniversaire dimanche.

— Qu'est-ce que je pourrais bien lui offrir ?

Je réfléchis une minute.

— Je sais. Pourquoi pas une de ces vidéos sur les catastrophes naturelles produites par la chaîne Météo ?

Flash ignore encore cette remarque.

— Je pense que tu devrais écrire un poème à ta mère.

— Oh non. Ce n'est pas juste.

Elle sait que je ne refuse jamais un exercice d'écriture. Je prends un stylo et commence :

« *Tout ce que j'ai besoin de savoir sur la vie,*
C'est ma mère qui me l'a appris.

Si tu trouves chaussure à ton pied, achètes-en trois paires (en noir, en marron, en bleu marine).
Le bonheur, c'est simple comme un coup de fil (surtout après 23 heures et les week-ends).
Il n'y a rien de tel qu'un repas sans gras.
La beauté est dans les yeux de l'esthéticienne.
Si tu n'as rien à dire, parle quand même.
On ne fait pas d'emplettes sans claquer d'oseille.
Il n'y a que le dernier prix qui coûte.
Peu importe si le verre est à moitié plein ou à moitié vide, pourvu qu'il vienne de chez Tiffany's. »

Je montre mon œuvre à Flash qui n'est pas sûre de la réaction de ma mère.

— Fais-moi confiance, elle va adorer, dis-je en mettant le poème au courrier.

Le dimanche suivant, le téléphone sonne.

— Allô ?

— Est-ce ma fille, l'écrivain ?

Dites-moi que je rêve. J'ai attendu dix ans et vingt livres pour entendre ces mots.

— C'est toi, maman ?

— Évidemment c'est moi ! J'adore le poème.

— C'est vrai ?

— C'est vrai. Je l'ai collé sur le frigo.

De sa part, c'est le plus beau compliment. J'imagine parfaitement le poème accroché à une place d'honneur entre les aimants aux formes de hamburgers et de cookies.

— Pourquoi tu ne m'as jamais dit que tu écrivais si bien ?

— Tu ne me l'as jamais demandé.

— Je te le demande aujourd'hui. Sur quoi travailles-tu en ce moment ?

Glurps ! Je travaille sur une pièce de théâtre. L'acte un commence au *Club Clito*, où une lesbienne punk portant un Tee-shirt LESBIENNE ET FIÈRE DE L'ÊTRE, raconte à la videuse qu'elle est tombée amoureuse de la femme qui lui a percé les grandes lèvres. Je ne peux décemment pas en parler à ma mère.

— Euh... quel temps vous avez chez vous ? Ici, il fait incroyablement chaud pour la saison. Très chaud, vraiment. En fait, je fonds rien qu'à tenir le combiné à mon oreille...

— Tu dois être en train de travailler sur quelque chose d'intéressant, dit ma mère.

— En fait j'aperçois des éclairs et je crois que j'entends le tonnerre. Bon, ce n'est peut-être pas le tonnerre, peut-être juste la voisine d'à côté qui fermait sa porte de garage, mais bon, pour ne pas prendre de risques, on va s'éloigner des appareils téléphoniques.

Vous savez ce que l'on dit : telle mère, telle fille.

Sœur et certaine

Voici un petit jeu pour toutes les mordues de l'histoire des Gays et des Lesbiennes. Quel événement extraordinaire et cataclysmique s'est produit le 5 août 1962 ?

A) Marilyn Monroe est morte.

B) Flash est entrée au couvent.

C) Marilyn Monroe est morte et Flash est entrée au couvent.

Vous avez deviné, j'en suis sûre, que la bonne réponse est C. Maintenant, pour un bonus de 200 points, laquelle de ces affirmations est vraie ?

A) Marilyn Monroe, en apprenant que Flash n'était plus disponible, mit fin à ses jours — comme je le dis toujours, il est difficile de trouver une *butch* digne de ce nom.

B) Flash, en rayant le nom de Marilyn de sa liste de petites amies potentielles, décida de faire vœu de chasteté — après tout, une *femme* digne de ce nom est difficile à trouver et je n'avais que sept ans à l'époque.

C) Sœur Flash ne nous en dira rien.

Chaque année, vers le début du mois d'août, ma bien-aimée a la nostalgie du couvent. Elle fait don de son Tee-shirt SISTERS ARE DOING IT FOR THEMSELVES, où l'on voit deux nonnes dans une position compromettante, et n'arrête pas de passer la chanson *Did Jesus have a Baby*

Sister ? de Casselberry-DuPreé. Puis elle me ressort ses albums-photos et me raconte une nouvelle fois son passé.

— Voici Sœur Masochiste, dit Flash en me montrant une femme à l'aspect sévère.

— Pourquoi a-t-elle l'air de souffrir ?

— Elle est agenouillée sur une râpe à fromage.

— Je vois. Et celle-ci, avec le fouet ?

— C'est Sœur Sadique. Ces deux-là étaient toujours ensemble.

— Je croyais que vous n'aviez pas le droit d'avoir des « amitiés particulières ? » — je maîtrise complètement leur jargon. Tu n'avais pas une amitié particulière, toi ?

— Euh… pas vraiment.

— Flash, dis-je en lui lançant un regard entendu, ce n'est pas un péché de mentir à ton épouse ?

— C'est un péché pour moi d'*avoir* une épouse, me rappelle-t-elle en tournant rapidement quelques pages.

Je saisis l'album et reviens sur les pages qu'elle a esquivées. J'y retrouve une jeune nonne qui relève son habit pour révéler une cuisse bien faite.

— Qui est-ce ? Sœur Sexpot ?

— Oh, *elle* ! (Les yeux de Flash se perdent dans le vague l'espace d'un instant.) C'est Sœur Lola Brigid. Euh… Je suppose qu'on pourrait dire que nous avons passé du bon temps ensemble.

— Tu n'as pas besoin d'en dire plus.

Flash m'a déjà tout confessé sur Sœur Lola Brigid. Les deux nonnes coquines ont réussi à garder leur histoire sous le manteau pendant quelques années avant que la Mère Supérieure n'attrape Flash et lui dise :

— Vous devez choisir entre Lola et le Seigneur.

Flash a choisi Lola, mais Lola s'est choisi un mari et quatorze enfants — quand on est catholique, c'est pour la vie.

Je pense que Flash et moi devrions fêter le jour où elle a quitté le couvent, Lola ou pas, et non le jour où elle y est entrée. Après tout, si elle ne l'avait pas quitté, Flash serait toujours mariée à cet autre martyr juif au lieu de celle qui vous parle. Mais Flash persiste et donc tous les ans, nous marquons le coup : une année, nous avons vu *Sister Act*, l'année suivante ce fut *Le Silence des cellules*. Une fois, nous avons loué la cassette de *Tant qu'il y aura des Nonnes*, l'année suivante ce fut *Les Révoltées du couvent*. L'année dernière, nous nous sommes saoulées avec une bouteille de Blue Nun en passant la nuit devant une version porno de *Un Couvent nommé Désir*. Je ne sais pas ce que nous allons faire cette année, mais pas de souci : Flash connaît certainement la réponse.

— Regarde ce que nous avons eu au courrier aujourd'hui.

Excitée comme une puce, elle agite une enveloppe.

— Une invitation au cinquantenaire de Sœur Mike.

— Qui est Sœur Mike ?

— Elle avait la charge des jeunes nonnes quand je suis entrée au couvent. Je n'arrive pas à croire qu'elle est nonne depuis cinquante ans.

Effectivement, c'est impressionnant. Je veux dire rester mariée à quelqu'un pendant 50 ans à notre époque, et encore plus à Jésus-Christ, est certainement une prouesse. Je prends l'invitation pour l'étudier de plus près.

— Comment se fait-il qu'il y ait écrit Sœur Mary Maria Marie ?

— C'est son nom officiel, mais pour nous les nonnes, c'était toujours Sœur Mike. J'ai hâte de la revoir.

— Tu veux dire que nous y allons ?

— Je ne voudrais pas rater ça. Les Sœurs de la Perpétuelle Latence sont *connues* pour leurs fêtes. En plus, ça se passe le 5 août et tu sais ce que ça signifie.

— Quoi ?

Flash joint les mains et un air angélique envahit son visage.

— Les voies du Seigneur sont impénétrables, dit-elle démontrant ainsi qu'on peut faire sortir une nonne du couvent mais pas le couvent d'une ex-nonne.

Le 5 août est un jour radieux et ensoleillé. Je m'habille pour l'occasion d'une minijupe noire, d'un tee-shirt

Madonna et de boucles d'oreilles en forme de crucifix.

— Tu ne quitteras pas la maison dans cet accoutrement, me sermonne Flash, avec le même ton que ma mère.

Je me change à contrecœur pour une modeste jupe qui tombe aux genoux et un chemisier blanc approprié. Flash donne son consentement et nous voilà parties dans sa voiture. Alors que j'entame pour la 23e fois *Like a Prayer*, nous rejoignons l'ancien établissement de Flash.

— Passons par l'entrée principale, dit-elle en tirant la porte.

Nous pénétrons dans une immense salle, qui semble désertée.

— Nous pourrions peut-être essayer la porte sur le côté.

Juste au moment où nous tournons les talons, une voix résonne de nulle part.

— Vous êtes en retard, Sœur Flash.

Ma bien-aimée se met à trembler comme le Lion peureux dans cette scène où Dorothy et compagnie rencontrent le Magicien d'Oz. Je n'avais jamais vu ma *butch* aussi effrayée.

— Du calme, Flash, dis-je, pour tenter de la rassurer. Qui crois-tu que c'était ? La voix de Dieu ?

— Non, bien p-p-pire ! bégaie-t-elle. C'était M-M-Mère G-G-Générale.

Mère Générale ? Dois-je me mettre au garde à vous ? Je suis sur le point de poser la question quand la Grande Mère de la Réprobation apparaît derrière un rideau. Mère Générale mesure au moins deux mètres trente et elle est tout aussi large. Voyant que la seule présence de cette femme a réduit ma forte et vaillante *butch* en poule mouillée, je fais un pas en avant :

— Bonjour, Mère Générale, dis-je en tendant la main. Je m'appelle…

— Silence ! rugit Mère Générale.

Je cours me réfugier auprès de Flash.

— La Grande et Puissante Mère Générale sait qui vous êtes et pourquoi vous êtes venues. J'ai l'intention de vous accorder la permission de voir Sœur Mary Maria Marie.

— Oh, m-m-merci, M-M-Mère G-G-Générale.

Flash tombe à genoux en tremblant.

— Silence ! ordonne à nouveau Mère Générale. Maintenant allez dans la salle commune avant que je ne change d'avis.

— Viens !

Je relève Flash et lui tiens la main fermement tandis que nous prenons la fuite, au cas où elle déciderait de faire le saut de l'ange à travers un vitrail ou quelque chose dans le genre.

Nous parvenons dans la salle commune où la fête de Sœur Mike bat son plein. Les nonnes y boivent du punch, les prêtres mangent des hosties et une chorale d'enfants de chœur — dont les membres ressemblent étrangement à ceux de la Chorale des Homosexuels de Lesbianville — est en train de chanter *Je te suivrai mon Dieu*. Je demande à ma dulcinée où Sœur Mike se trouve mais avant qu'elle ne puisse répondre, nous sommes entourées par une nuée de cinq nonnes.

— Bonjour Sœur Flash !

Elles saluent ma bien-aimée à l'unisson. Flash me présente Sœur Dolly, Sœur Holly, Sœur Lolly, Sœur Molly et Sœur Polly.

— Charmée !

— Très heureuse !

— Ravie de vous rencontrer !

— Enchantée de vous connaître !

— Tout le plaisir est pour vous !

— Elles ne sont pas extraordinaires ? glousse Flash. Elles sont sœurs.

— Je sais qu'elles sont sœurs, fais-je en fronçant les sourcils. Autrement pourquoi porteraient-elles un habit ?

— Non, je veux dire qu'elles sont *sœurs*, répète-t-elle.

— Pas frères.

— Pas cousines.

— Pas copines.

— Pas ennemies.

— Pas amantes.

Sœur Polly lance à Flash un regard appuyé.

— Nous ferions mieux de retrouver Sœur Mike, dit Flash en m'entraînant vers l'invitée d'honneur.

— Sœur Flash ! Je savais que vous viendriez.

Elle a une voix grave, éraillée comme celle de Harvey Fierstein, qui rend la *femme* que je suis toute chose. Elle me regarde de haut en bas, puis se retourne vers Flash.

— Qui est-ce ? Votre co-locataire ?

— Non, Sœur Mike. C'est ma compagne.

— Votre compagne ? Sœur Flash, honte à vous !

Flash baisse la tête. Sœur Mike laisse passer un long moment avant de grogner :

— Je crois que le terme approprié est *fidèle* compagne.

Flash relève la tête.

— Vous voulez dire que vous approuvez ? ose-t-elle demander.

— Bien sûr que j'approuve.

Elle lui donne une tape sur le dos qui envoie ma pauvre fidèle compagne valdinguer.

— Félicitations. Elle est fichtrement plus mignonne que Sœur Lola Brigid.

— Elle est ici ?

Je meurs d'envie d'évaluer la concurrence.

— Non, mon enfant. Sœur Mike fait les gros yeux. Elle n'a pas pu trouver de baby-sitter.

— Dommage, commente Flash.

Sœur Mike et moi lui jetons un regard venimeux.

— Je meurs de soif, Sœur Flash, déclare Sœur Mike. Si vous alliez nous chercher des boissons ?

Flash se précipite tandis que Sœur Mike me fait signe de m'asseoir à côté d'elle.

— Puis-je vous poser une question indiscrète ? demande-t-elle en se penchant vers moi.

— Bien sûr, fais-je en me penchant aussi.

— Que pensez-vous de ces chaussures ?

Elle relève le fond de son habit très discrètement.

— Oh, elles sont très bien, Sœur Mike. Les gros talons sont à la mode cette année.

— Vous ne trouvez pas qu'elles sont trop... (elle s'interrompt, puis baisse sa voix rauque) féminines ?

— Oh non, ma Sœur. Sur quelqu'un d'autre sans doute, mais vous, vous n'avez rien à craindre.

Satisfaite, elle laisse retomber son habit juste au moment où Flash revient avec du punch et des pâtisseries.

— La nourriture n'est-elle pas divine ? s'extasie Sœur Mike.

— Les gâteaux sont vraiment à tomber à genoux.

— Des religieuses et des pets-de-nonne, dit Sœur Mike. Tenez, prenez-en pour la route.

Elle me fait signe d'ouvrir mon sac et en glisse une demi-douzaine à l'intérieur.

— Il faut qu'on y aille, dit Flash en m'aidant à me relever.

— Vous ne pouvez pas partir maintenant. L'orchestre n'a pas encore joué.

— Il y a un orchestre ?

— Mary et les Madeleines. Regardez, elles vont commencer.

Effectivement, les nonnes chantantes entament leur premier morceau : une version lente de *Song of the Soul.* Je murmure :

— Flash, cette chanson est pratiquement l'hymne national des Lesbiennes.

Elle hausse les épaules.

— Tires-en les conclusions.

— Je crois que c'est Cris Williamson qui la chante, ajoute Sœur Mike.

Puis, comme si elles s'étaient donné le mot, les nonnes se lèvent et forment un cercle. Bientôt nous voilà à chanter en chœur, avançant et reculant, les bras reliés dans le dos. Et tandis que je me trouve là, entre Flash et Sœur Mike, je ne peux m'empêcher de me poser les questions suivantes :

A) Suis-je toujours au couvent ou bien ai-je été télé-portée au Festival de Musiques de Femmes du Michigan ?

B) Est-ce Flash qui m'a donné une petite tape sur les fesses ou bien était-ce Sœur Mike ?

C) Est-ce un pet-de-nonne dans la poche de Mère Générale ou bien est-elle seulement heureuse de me voir ?

Bien sûr, la réponse correcte à ces trois questions est : je ne sais pas. Ce qui me convient parfaitement. Parce qu'une Sœur n'en reste pas moins une sœur et que celles qui ont la chance de connaître et d'éprouver un sentiment de sororité savent qu'il est tout-puissant.

La reine du voyage

— Je dois vraiment y aller ?

Je me plains comme une gamine de trois ans.

— Oui tu dois vraiment y aller, me répond ma bien-aimée.

Nous sommes assises côte à côte dans l'aéroport international de Lesbianville, à attendre l'annonce de mon vol. Je suis en partance pour une tournée littéraire de deux semaines tous frais payés, de la côte Est à la côte Ouest, agrémentée d'une escorte dévouée dans chaque ville.

— Tout ce que tu as à faire, m'a dit mon éditrice, c'est de te lever le matin et de te maquiller. Nous nous occupons du reste.

Enfin, je vais avoir l'occasion de m'habituer à la vie à laquelle je m'étais habituée à ne pas m'habituer !

Alors pourquoi suis-je si morose ? Parce que A) il n'y a pas de visite conjugale pendant la tournée et B) je dois mettre 30 000 pieds entre le sol et mes chaussures violettes à talons compensés treize fois au cours des quatorze prochains jours. Et je suis de celles qui pensent que voler est réservé aux oiseaux.

Pour calmer mes nerfs, je n'arrête pas de chantonner *Leaving on a Jet Plane* à tel point que ma bien-aimée me donne un coup de coude dans les côtes. Je passe alors à *Wind Beneath My Wings*. Finalement, au grand soulagement de Flash, l'embarquement de mon vol commence. Nous marchons jusqu'à la porte et nous embrassons pour la quatre-vingt septième fois.

— N'oublie pas d'écrire, me lance Flash en agitant le bras.

— Ne t'inquiète pas. J'ai une critique de livre à corriger, un poème à finir...

— À moi, hurle-t-elle en essayant de couvrir le bruit des moteurs, n'oublie pas de m'écrire *à moi*.

— Je n'oublierai pas.

Comme je suis déjà à bord, je doute qu'elle m'ait entendue.

Je me dépêche de remonter l'allée, en jetant un coup d'œil à mon billet. Mon numéro de siège est le 36B, qui se trouve être aussi ma taille de soutien-gorge, un signe fiable de la Déesse pour m'assurer que mes attributs féminins et moi survivrons à ce voyage.

Je m'assois, boucle ma ceinture et prie pour être bientôt au-dessus des nuages sans risque et sans personne à mes côtés. On a beau dire que s'envoyer en l'air est toujours agréable, je n'aime pas que cela se produise avec de parfaits inconnus. Les hommes aiment faire des avances. Les femmes aiment faire la conversation. J'aime faire croire que je ne parle pas anglais mais en général je dévoile la supercherie en montrant le gâteau sur le plateau-repas de mon voisin et en lui demandant :

— Excusez-moi, vous n'allez pas manger ça ?

Malheureusement, le vol d'aujourd'hui se remplit et s'engorge, et bien entendu, voilà qu'arrive un grand gaillard, portant costume, qui a clairement des vues sur la place 36A, du côté du hublot. Je me lève pour le laisser passer et le regarder s'affaler, boucler sa ceinture et écarter les jambes le plus loin possible, comme une patiente prête pour un frottis.

Avant de reprendre ma place, je sens une petite tape sur mon épaule.

— Est-ce le 36C ?

Je me tourne pour voir une sœur, qui m'arrive à

peine aux aisselles, en train d'étudier son billet. Maintenant notre rangée est complète avec votre servi-teur coincée entre l'Habit et le Costume.

— Pour vous c'est un voyage d'affaires ou d'agré-ment ? demande le Costume.

— Affaires. Je commence une tournée littéraire.

— C'est super, dit l'Habit en me tapant sur le genou. Qu'est est le titre de votre livre ?

— *L'Amour de ma vie est une femme.*

L'homme d'affaires referme les jambes d'un mouve-ment brusque.

— Vous m'en direz tant. (La sœur se penche vers l'avant.) Vous savez, l'ex-amour de ma vie est une femme.

— Vraiment ? (Je me penche aussi.) L'amour de ma vie est une ex-nonne.

— Le monde est petit, dit la sœur tandis que nous nous enfonçons dans nos sièges pour le décollage.

Tout se passe en douceur et bientôt les mouches ne sont pas les seules à voler à 15 000 pieds.

Peu de temps après, notre Déesse de Vol apparaît avec son chariot :

— Vous désirez boire quelque chose ? demande-t-elle à l'homme d'affaires.

Il prend un jus de tomate.

— Vous désirez boire quelque chose ? demande-t-elle à la sœur.

Elle commande un Bourbon.

— C'est une mauvaise habitude, explique-t-elle en avalant son verre d'un trait.

La Déesse de Vol lui en donne un second et se tourne vers moi.

— Aimeriez-vous visiter le Grand Magasin du Ciel ?

— Pardon ? fais-je interloquée.

— Allez-y, foncez ! s'exclame la sœur volante, en finissant son verre le doigt sur le hublot. Et ça, c'est le septième ciel ?

Je ne sais que penser. Pour moi Le Grand Magasin du Ciel signifie le Paradis. Mais je n'ai pas le temps de dire que je ne suis pas encore prête à rencontrer notre Créateur. La Déesse de Vol me tend un catalogue plus épais que les soixante-neuf volumes de l'*Encyclopædia Lesbiannica* rassemblés en un seul. Parlez-moi du Paradis !

— Utilisez le téléphone dans l'accoudoir pour passer votre commande, m'explique la DV. L'appel ne coûte qu'un dollar la minute.

Comme les séances de thérapie ! Une nouvelle heureuse coïncidence. Je fais du shopping jusqu'à notre arrivée à San Francisco, cinq heures et des centaines de dollars plus tard.

Une *butch* portant un pantalon en cuir m'accueille à la porte de débarquement.

— Salut, je m'appelle Java. Vous avez des bagages ?

Ai-*je* des bagages ? Est-ce que Heather a deux mamans ? Nous nous dirigeons vers la plate-forme de retrait où des valises sont déjà en train de défiler.

— Celui-là est à moi, dis-je en indiquant le tapis. Et celui-là. Ça aussi. Et ces deux-là. Et ces deux autres. Celui-là. Et celui-là.

— Vous avez sept sacs pour un voyage de quatorze jours ?

Java est ébahie.

— Je sais. Flash n'en croyait pas ses yeux non plus. Elle pensait que j'en prendrais au moins seize.

Java avale sa fierté de *butch* et part à la recherche d'un chariot. Nous le chargeons et nous dirigeons vers sa voiture. Une fois sur l'autoroute, je lui demande :

— Alors quels sont les plans ? Il reste du temps pour faire du tourisme ?

— Du tourisme ? Java me jette un regard lourd de sens. Vous avez une interview à 13 heures, 14 heures, 15 heures, 16 heures, 17 heures et 18 heures, sans oublier une lecture à 19 h 30.

— Oh mon dieu ! C'est mon tour de lui jeter un regard lourd de sens. Quand est-ce que je mange ?

— Quand vous pouvez.

— Ai-je le temps de m'arrêter à l'hôtel ? J'espérais

faire une petite sieste.

— Vous souffrez du décalage horaire ? demande Java. J'ai juste ce qu'il vous faut.

Merci mon dieu pour ces filles de Californie ! Évidemment, pour me donner un coup de fouet, elle a des cataplasmes/onguents/pastilles/graines, à coup sûr biologiques, végétariens, à base de plantes, sans colorants, sans froment, sans lipides, sans sucre, sans levure, sans goût. Java cherche sous son siège, en ressort une cafetière qu'elle branche sur l'allume-cigare.

— La caféine, dit-elle. C'est la seule façon d'y arriver.

J'avale une tasse pendant qu'elle fait un demi-tour serré et s'arrête sur une place de parking.

Nous filons d'interview en interview et je raconte en boucle où, quand, comment, pourquoi et pour qui le livre a été écrit. Je tente d'éblouir chaque journaliste par des commentaires spirituels et spontanés, sans jamais laisser paraître qu'on m'a posé les mêmes questions et que j'ai donné les mêmes réponses une centaine de fois. À mesure que la journée se déroule, j'en viens à ne plus supporter le son de ma propre voix, un phénomène dont, j'en suis sûre, Flash serait heureuse d'entendre parler, mais, bien entendu, je ne lui en dirai jamais rien.

Finalement, Java me ramène à l'hôtel où j'ai quinze bonnes minutes pour me laver, me sécher, me brosser les cheveux, leur donner du volume, me poudrer le nez et me glisser dans une minirobe rouge et noire que Fran Drescher paierait cher pour avoir. Puis je me précipite dehors, retrouve la voiture de Java et nous partons pour la séance de lecture.

— Bonsoir, je m'appelle Page, je suis la propriétaire de la librairie. Bienvenue à *Clit-térature*.

Elle a les cheveux verts, une vulve tatouée sur la joue gauche et les lobes de ses oreilles ressemblent à du gruyère. Elle m'emmène au fond du magasin où se tient un public impatient, dans lequel se trouve la sœur du siège 36C, habillée d'un blouson de motard, de boucles d'oreilles arc-en-ciel et d'un collier de chien par-dessus son habit. Elle me fait un signe auquel je réponds. Puis Page me présente et je prends place derrière le podium. Mais attendez une minute. Quelque chose ne va pas. Je murmure :

— Pssst, Java.

— Qu'est-ce qu'il y a ?

— Faites-moi la courte échelle.

— Pourquoi ?

— Parce que, dis-je en plaçant mon talon de 10 cm dans sa main, les *butches* me mettent sur un piédestal depuis des années.

J'ajoute, en sautant dans les airs :

— De plus, j'ai dépensé la moitié de mon à-valoir sur cette tenue et personne ne peut la voir.

Je pirouette sur le pupitre et les filles perdent la tête. Puis je me racle la gorge, protège mes yeux des éclats de lumière réfléchis par toutes ces boucles d'oreilles, de menton, de joues, de lèvres, de paupières, d'arcades sourcilières et de langue, et commence à lire. Je finis en apothéose, mais avant même de pouvoir saluer l'auditoire, Java m'entraîne dans son sillage.

— Qu'est-ce qui urge ?

— Encore des interviews, dit-elle en me pressant en direction de la voiture. Vous en avez une à 20 heures puis une à 21 heures, 22 heures et 23 heures sans oublier un talk show à minuit.

— Mais je suis si fatiguée.

Je ne peux m'empêcher de gémir.

— Prenez un bonbon, propose-t-elle en me tendant un paquet.

— Merci (j'en glisse quelques-uns dans ma bouche). Qu'est-ce que c'est ? Des M & M's ?

— Non. Des grains de café enrobés de chocolat.

Zing ! Je vole à travers les interviews restantes en un éclair puis je souhaite une bonne nuit à Java au seuil de mon hôtel.

Dans ma chambre, j'ignore le lit et me dirige droit vers le canapé assorti placé à côté. Une fois déposée là, je m'empare du téléphone et appelle Flash.

— Allô-comment-vas-tu-je-t'aime-tu-me-manques-j'ai-envie-de-toi-j'ai-besoin-de-toi-ai-je-reçu-des-messages-des-lettres-des-e-mails-des-faxs-quel-temps-fait-il-puis-je-parler-au-chat ?

— Tu sais quelle heure il est ?

Ma bien-aimée parle lentement comme si elle était shootée aux Quaaludes.

— Oui. Il est 1 heure du matin. Donc il est 22 heures chez nous, non ?

— Non, grogne Flash. Il est 3 heures du matin.

— Mon dieu. Je t'ai réveillée ?

— Non. Le téléphone m'a réveillée. Alors comment se passe la Tournée de Prestige de la Grande Brune ?

— Oh Flash, c'est sensationnel ! San Francisco est sensationnelle, les filles sont sensationnelles, l'hôtel est sensationnel, mes cheveux sont sensationnels...

— Ouah !

Flash fait une pause pour reprendre son souffle après m'avoir écoutée d'une traite.

— Combien de cafés as-tu bu aujourd'hui ?

Ma bien-aimée me connaît par cœur.

— Je ne sais pas. J'ai perdu le fil au 23e. Pourquoi ?

— Parce qu'on dirait Mariah Carey sous amphétes.

Je prends ça comme un compliment et continue à babiller. Au bout d'une heure nous raccrochons et je plonge sous les draps de mon lit king-size. Juste au moment où ma tête touche l'oreiller, le téléphone sonne. Je hurle dans le combiné :

— Qui est mort ?

— C'est le réveil téléphonique, dit une voix enregistrée qui ressemble à celle du capitaine Janeway dans *Star Trek : Voyager*.

Je saute du lit, me fais sublime et cours rejoindre Java qui me conduit à l'aéroport. Je monte dans l'avion et en resurgis après quelques heures.

Treize jours, douze villes et deux cents interviews plus tard, je reviens à Lesbianville si fatiguée que je titube jusqu'à ma bien-aimée et son gros bouquet de fleurs.

— Oh-oh ! lance une voix vaguement connue. C'est

vous l'auteure de *L'Amour de ma vie est une femme* ?

Je réponds à ma séduisante *butch* :

— L'amour de ma vie est une femme, mais le tien est un vrai légume.

— Juste ce dont j'ai envie dit Flash, en me mordillant l'oreille et en me ramenant à la maison pour mieux me dévorer.

Silence = Sommeil

— Tourne-toi, Flash.

J'accompagne cet ordre d'une secousse gentille mais ferme.

Chère lectrice, ne soit pas choquée. Je ne vais pas décrire, avec force détails saisissants, les pratiques scabreuses auxquelles Flash et moi nous adonnons — et si elle est une *butch* que l'on retourne facilement ou pas est un secret qui me suivra jusque dans la tombe. En réalité, à ce moment très précis, elle dort comme un loir. Alors pourquoi suis-je en train de faire pression pour qu'elle dorme du côté gauche au lieu du côté droit ? Suis-je à ce point une femme de tête ? Oui, évidemment, mais là n'est pas la question.

La question est : Flash ronfle. Elle vient de m'arracher à mon rêve préféré de Martina : je suis sur un court de tennis dans une minirobe blanche sans manches et couverte de perles, chaussée de baskets à paillettes. Martina vient derrière moi, m'entoure la taille de son bras gauche. Avec la main droite, elle me tient le poignet et me montre comment faire un mouvement de swing. Ma raquette racle le sol. Elle se tourne vers moi, me serre dans ses bras et me murmure, avec cet accent irrésistible :

— Lesléa…

Soudain, mon rêve se transforme. Je suis dans un

camion, sur un de ces ponts qui font vibrer les roues dans un fracas infernal. Je passe sur le pont une fois. Deux fois. Trois fois. Le bruit est insupportable. Mes yeux s'ouvrent d'un coup, mais le bruit n'a pas cessé. Il vient de ma bien-aimée.

— Flash !

Pas de réponse.

— Flash !

Comment arrive-t-elle à dormir dans ce vacarme ? On dirait qu'il y a une douzaine de goudous en train d'essayer leur tronçonneuse dans la pièce.

— *Flash* !

J'ai crié mais bien sûr elle ne m'entend pas. Qui le pourrait avec tout ce bruit ?

Une situation désespérée appelle une action désespérée. Grâce à Dieu, j'ai une arme secrète : mes pieds. Je suis le genre de filles dont la température des pieds baisse instantanément de trente degrés dès que je me mets au lit. J'enlève mes chaussettes de laine et colle mes petons glacés sur le dos sans méfiance de ma *butch* endormie.

— Mgwfth !

Flash s'écarte, émet un grognement et, merci ma Déesse, se retourne. Le doux bruit du silence envahit la chambre. J'enfile mes chaussettes et referme les yeux. Je suis bientôt plongée dans un autre rêve récurrent : K.D. Lang est sur scène et chante *Constant Craving*. Elle regarde le public. Nos yeux se croisent. Elle me fait signe de la rejoindre et je flotte au milieu des admiratrices déchaînées jusqu'à la scène. Elle se tient derrière moi et met ses bras autour de ma taille. Elle chante à mon oreille, puis me tourne face à elle en me tenant serrée.

— Lesléa, murmure-t-elle en rythme. Lesléa…

Soudain, mon rêve se transforme. Je suis en train de pousser une tondeuse à gazon, dont le moteur est plus bruyant qu'un Boeing 747. Je tonds la même bande de pelouse une fois. Deux fois. Trois fois.

— Flash !

Je garde les yeux fermés au cas où K.D. déciderait de

revenir mais elle est bel et bien partie, comme mes espoirs de passer une bonne nuit de sommeil.

Le lendemain matin, Flash chante joyeusement sous la douche. Moi je suis incapable de me sortir du lit. Ma bien-aimée s'en va au travail, et après huit tasses de café, je parviens à me traîner à mon bureau où je m'endors illico.

À son retour, Flash me retrouve couchée sur mon ordinateur. Elle me secoue l'épaule.

— Est-ce que ça va ? demande-t-elle. Pourquoi es-tu si fatiguée ?

— Donne moi trois bonnes raisons. Et les deux premières ne comptent pas, dis-je.

Flash me regarde, interloquée. Le sarcasme n'est pas mon genre. — ce n'est pas digne d'une dame — mais le manque de sommeil a d'étranges effets sur une fille. Je décide d'être franche avec elle :

— Flash, tu as ronflé toute la nuit.

— J'ai *ronflé* ?

Elle est choquée, et se sent insultée, comme si je venais de l'accuser de faire une chose totalement grotesque, quitter la maison sans sa dose de gel Brylcreem dans les cheveux par exemple. Elle secoue la tête en émettant un petit rire :

— Je ne ronfle pas.

Je suis trop fatiguée pour discuter si bien que le sujet est clos — jusqu'à minuit, quand ses ronflements interrompent mon rêve préféré de Madonna, celui dans lequel la Material Girl et moi justifions notre amour. C'est la goutte d'eau qui fait déborder le vase. Je me rue hors du lit et reviens avec un magnétophone que je place sur la table de nuit.

Le lendemain matin, je présente à Flash la pièce à conviction n°1 : une cassette de sa sérénade nocturne.

— C'est moi, ça ? Flash écoute intensément. Ce n'est pas possible.

— Ce n'est pas ma mère, j'en suis certaine !

Une nouvelle nuit sans sommeil n'a pas amélioré mon humeur.

— Ce n'est pas comme si je faisais exprès de ronfler,

dit Flash. En plus, tu arrives à dormir pendant l'orage, avec deux chats qui ronronnent en stéréo de chaque côté de ta tête et l'alarme incendie qui se déclenche en même temps. Pourquoi est-ce que tu n'arrives pas à supporter mes ronflements ?

Je réplique sèchement :

— Ce n'est pas comme si je faisais exprès de me réveiller. Oh, et puis laisse-moi tranquille !

Flash va prendre sa douche et je suspends un panneau NE PAS DÉRANGER à mon gros orteil pour essayer de dormir un peu. Cela ne sert à rien. Je suis une droguée du travail et il m'est impossible de gaspiller les heures diurnes. Mais je suis aussi trop fatiguée pour pouvoir travailler. Alors, qu'est-ce que je pourrais bien faire ?

C'est évident : du shopping, bien sûr !

Je commence par acheter une paire de chaussures noires assorties à mes cernes. Puis je vais au drugstore pour y chercher quelques petites choses.

À mon retour, Flash veut savoir ce qu'il y a dans les sacs.

— Oh ! Juste des trucs pour la nuit, dis-je nonchalamment.

Flash se met à bailler bruyamment.

— Je suis *vraiment* crevée. On peut aller au lit ? demande-t-elle d'une voix pleine d'espoir et d'excitation.

La dernière fois que j'ai rapporté des « trucs pour la nuit », c'était entre autres des boules de geishas, des sous-vêtements à manger et une nuisette très coquine. Ce soir, la surprise va être aussi grande.

— Allonge-toi, dis-je à Flash, d'une voix langoureuse. Ferme les yeux.

Ma chérie fait ce qu'on lui ordonne, se léchant les lèvres à l'avance. Je déchire quelques sacs et, sans lui laisser le temps de protester, je glisse sous sa tête un oreiller « Je ne ronfle plus », je lui maintiens les narines ouvertes avec du Scotch nasal, glisse un anneau antironflement sur son nez et attache sur son bras un appareil qui enverra une légère décharge électrique chaque fois qu'elle émettra un son.

— C'est quoi ce bordel ? s'exclame-t-elle en ouvrant des yeux effrayés. On se met au S/M maintenant ? Aïe !

Sa question a suscité plusieurs décharges dans le bras.

— Je ne peux pas dormir dans ces conditions ! dit-elle en enlevant son appareillage. Écoute, moi aussi je t'ai apporté quelque chose.

Elle me tend une petite boîte.

— Qu'est-ce que c'est ? dis-je innocemment.

Nous nous disputons si rarement qu'elle a, en général, les moyens de nous réconcilier sans regarder à la dépense.

— Juste une bricole pour tes oreilles, m'explique-t-elle en me mordillant le lobe gauche.

— Oh, Flash !

Je fonds, aussitôt prête à lui pardonner. Flash sait que pour atteindre le cœur de sa femme, il n'y a que les bijoux. Des images me viennent, de boutons de diamants, de pendants de rubis, de boucles de perles… Mais ce que je vois quand j'ouvre la boîte me coupe vraiment le souffle. Je m'écrie :

— Des boules Quiès ? Tu crois que je vais dormir avec des boules Quiès ?

— Pourquoi pas ?

De toute évidence, Flash pense qu'elle a trouvé la solution parfaite. Je bredouille d'indignation :

— Parce que ma mère m'a dit de ne jamais mettre autre chose que mes coudes dans les oreilles.

— Et depuis quand tu écoutes ta mère ? demande Flash.

— Là n'est pas la question.

Je jette les boules Quiès sur le lit.

— Il n'y a plus qu'une seule chose à faire, Flash. Nous allons rendre une petite visite à Sapphrodite.

— Qui est Sapphrodite ?

Je regarde ma bien-aimée comme si elle avait dit : *Qui est Cher* ?

— Sapphrodite est la reine du conseil conjugal.

Je baisse la voix respectueusement.

— Tu ne te souviens pas de cet article qu'elle a écrit au sujet d'un couple — une des femmes était à ce point séparatiste qu'elle ne supportait pas une bouteille de M. Propre dans la maison, et l'autre femme avait trois garçons adolescents. Après seulement quelques séances, tout s'est arrangé et elles vivent heureuses depuis.

Flash n'est nullement impressionnée.

— Combien elle prend, cette reine ?

— Oh, c'est très raisonnable.

Je parle d'un ton léger.

— Seulement 150 dollars de l'heure.

— Quoi !

— Flash !

J'ai du mal à garder mon calme.

— Regarde-moi dans les yeux et dis-moi que tu ne dépenserais pas 75 dollars pour sauver notre mariage.

Elle me regarde dans les yeux et... reconnaît sa défaite.

Notre rendez-vous chez Sapphrodite est le samedi suivant. Flash et moi avons dormi à tour de rôle sur le canapé toute la semaine et ni l'une ni l'autre ne sommes de très bonne humeur. Nous faisons le trajet jusque chez Sapphrodite en silence, entrons dans la salle d'attente et nous asseyons aussi loin l'une de l'autre que possible. Flash lit un magazine et je revasse à la fenêtre. Il fait exceptionnellement beau et je pense à au moins 8 000 choses que je préférerais faire. Je soupire et ferme les yeux. Soudain, j'entends à mes oreilles le son d'une pluie régulière, me berçant dans un sommeil léger. Puis mes yeux s'ouvrent d'un coup. Comment peut-il pleuvoir alors que le ciel est aussi bleu que mon fard à paupières ? Suis-je en train de perdre la tête ?

— Flash, dis-je en me tournant vers ma bien-aimée. Tu aperçois de la pluie d'où tu es ?

Flash relève la tête du numéro de septembre de *Gouines, Chromes et Cambouis*.

— Non.

— Alors pourquoi j'entends la pluie ?

Flash se met à écouter.

— C'est bizarre, dit-elle.

Elle regarde tout autour de la pièce et montre un petit objet rond, d'aspect extraterrestre, qui semble tout droit sorti de *Star Trek : Deep Space Nine*.

— Ça vient de là, dit-elle en s'approchant pour vérifier.

Elle appuie sur un bouton et le son de la pluie est remplacé par un battement de cœur prononcé. Elle appuie sur un autre bouton et nous entendons une voix de femme affolée qui crie : Tu as dormi avec elle dans *notre* lit ? Sous les yeux de Fluffy ?

— Oups ! J'ai dû appuyer sur le bouton OFF, dit Flash, en pressant un autre bouton qui remplit la pièce de bruits de baleines.

— C'est ça ! Flash, tu ne vois pas ?

Je suis complètement surexcitée.

— C'est un appareil qui étouffe les bruits. Il faut que nous en achetions un pour étouffer tes ronflements.

Mais Flash a deux longueurs d'avance sur moi. Elle a déjà débranché la chose et l'a mise dans mon sac. Je proteste :

— Flash, c'est du vol.

— Pas si tu laisses 150 dollars. Je suis certaine que ça ne coûte pas plus de 99.99 dollars.

Je fais le chèque en hâte et nous prenons la tangente. En un rien de temps, nous nous enfuyons sur l'autoroute dans la voiture de Flash.

De retour à la maison ; ma chérie branche notre nouveau jouet. Nous sommes au lit à écouter les sons des vagues de l'océan qui s'écrasent sur la côte.

— Tourne-toi Flash.

— Mais je ne ronfle pas ! dit-elle sur la défensive.

— Qui parle de ronfler ?

J'accompagne cet ordre d'une secousse gentille mais ferme. Flash comprend mon allusion et nous passons les quelques heures qui suivent à célébrer divinement la sauvegarde de notre mariage. Puis, bras et jambes mélangés, nous tombons toutes les deux dans un sommeil nécessaire et bien mérité.

HibouX, bijouX, minou(X)

— Nous sommes rassemblés aujourd'hui pour nous recueillir et célébrer les neuf vies de Couscous Kerouac…

— Reviens, petit Cousy, reviens !

Je me jette sur son cercueil (une boîte à chaussures taille 42).

— Là, là…Calme-toi, dit Flash.

Elle me relève, me serre dans ses bras, me caresse le dos, mais je reste inconsolable. À présent que Cousy a rejoint PC dans la Grande Litière du Ciel, Flash et moi sommes une famille sans félin. Ce qui est une situation insupportable car, ne nous voilons pas la face, une lesbienne sans chatte, ce n'est rien de moins qu'une… euh… lesbienne sans chatte.

Que faire ? Je programme une séance d'urgence avec ma psy et je pleure pendant les cinquante minutes — heureusement un dollar la minute me donne droit à un Kleenex la minute.

Raven vient me voir et tente de me mettre de bonne humeur par des compliments :

— Ton pull est superbe. Tu l'as acheté récemment ?

— Raven, ce pull est aussi vieux que toi.

— Vraiment ? Il a l'air neuf. Oh, je sais ! Il n'y a pas de poils de chat dessus.

— Il n'y en a pas ?

Je pousse un gémissement. Bien vu pour le réconfort !

Les semaines passent mais pas mon chagrin. Je pleure non seulement Cousy mais aussi tous les animaux que j'ai aimés et perdus : Chirpy, la perruche qui s'est fait voler dans les plumes un après-midi où je regardais *Bye Bye Birdie* ; M. et Mme Poisson Rouge, que j'ai rapportés à la maison flottant le ventre en l'air dans un sac en plastique ; et Deschiens Jr le seul et unique chiot que j'ai eu. *Si j'ai appris à vivre sans eux*, me dis-je, *je peux apprendre à vivre sans Cousy.*

Mais j'ai du mal à me croire car des mois plus tard, je me retrouve toujours à pleurnicher au supermarché dans le rayon des Friskies poulet et des Délices au thon. Tous les soirs après le dîner, je mets l'album original de la comédie musicale *Cats*, au grand dam de Flash.

— Est-ce qu'il faut vraiment qu'on écoute ça maintenant ?

— Oui et pour toujours ! dis-je en montant le son.

Puis je sors l'album-photos de Cousy et oblige ma bien-aimée à se replonger dans les souvenirs avec moi. Voici Baby Cousy essayant d'attraper sa queue et Cousy-couça endormie au soleil. Voici Cousy Femme Fatale avec un collier de velours noir incrusté de pierres et Cousy Sportive escaladant les meubles. Voici Cousy apprenant à se connaître et prenant soin d'elle sur mon pull en cachemire, Cousy apprenant à connaître son mauvais caractère et mordant la main qui la nourrit — j'en garde la cicatrice.

Nous regardons les photos de Cousy des champs chassant un mulot et Cousy des villes chassant un rat. Voici Cousy Hippie qui fait pousser sa propre herbe à chats, et Cousy Punk, la fourrure dressée comme un Iroquois. Voici Cousy la séparatiste soufflant à la vue de Raven, Cousy la militante, avec un ruban rouge au collier. Il y a même une photo de Couscous, la boulimique, vomissant son repas dans sa gamelle.

Regarder toutes ces photos m'épuise, si bien que je

me roule en boule pour une courte sieste. À peine ai-je fermé les yeux que je sens comme une griffe plantée dans ma cheville. Je me tourne juste à temps pour voir mon bas se filer à la vitesse de la lumière et je découvre Couscous, fière d'elle, avec une petite chose poilue dans la gueule. Je crie et saute sur une chaise. Qu'est-ce que c'est, cette fois-ci ? Une taupe, une chauve-souris, un écureuil ? Je me couvre les yeux des mains et regarde à travers les doigts.

— Oh mon dieu ! dis-je dans un souffle. Un chaton.

Je descends de mon perchoir et saisis la petite boule de poils. Il se niche instantanément dans mon cou et se met à ronronner.

— Cousy, où l'as-tu trouvé ?

Mais Couscous a disparu et je me réveille. Je raconte ce rêve à Flash.

Le lendemain, j'appelle notre vétérinaire Dr Goodoolittle et lui demande si elle n'a pas des chatons à adopter.

— Quelqu'un a apporté une chatte perdue, ce matin, dit-elle. Vous voulez la voir ?

— Ne bougez pas, nous arrivons !

J'appelle Flash au travail et lui ordonne de simuler une migraine. Elle est à la maison quelques minutes plus tard et nous nous rendons chez la véto en un éclair.

— La voilà, dit le Dr Goodoolittle, en déposant une petite touffe de longs poils blancs dans mes bras.

Le chaton se niche instantanément dans mon cou et d'un coup de griffe, non seulement m'égratigne au sang mais détruit le collier de diamants que Flash m'a offert pour mes quarante ans.

— Quelle gentille chatte, dis-je en lui grattant le dessous du menton.

— Nous l'avons appelée Princesse, renchérit le Dr Goodoolittle en passant un tampon imbibé d'alcool sur ma griffure.

— Il faudra changer son nom, dis-je à Flash, une fois dans la voiture. Il n'y a de place que pour une seule Princesse dans la famille.

La Chatte Jadis Appelée Princesse m'approuve car

elle endosse le rôle de *reine* à la minute même où elle met la patte à la maison. Quand elle décide que l'endroit le plus convenable pour sa sieste est mon pull rose angora, je ne la contredis pas. Quand elle découvre que le meilleur poteau pour se faire les griffes est le pied de la table en chêne massif de Flash, je le frotte avec de l'herbe à chats pour le rendre encore plus tentant. Quand elle montre nettement que le seul bol dans lequel elle s'abaissera à manger est un récipient en cristal taillé de ma grand-mère, je lui présente mes excuses de ne pas lui avoir proposé plus tôt l'argenterie de la famille.

Flash et moi sommes folles de ce chaton. En deux jours, nous prenons deux cents photos d'elle. Nous passons le plus clair de notre temps à nous rouler par terre dans la cuisine, pas l'une avec l'autre mais avec notre bébé chéri. Nous nous réveillons joyeusement à 2 heures, à 4 heures, à 6 heures du matin pour la nourrir. Des lesbiennes m'arrêtent dans la rue et me font des remarques sur mon air fatigué mais heureux.

— Es-tu amoureuse ? demandent-elles.

Je réponds « Oui ».

Mais, alors que je suis en extase, Flash n'est pas si sûre que la Chatte Jadis Appelée Princesse soit, elle, satisfaite. Pour moi, elle semble plutôt contente, mâchouillant les manches de ma veste en daim, déchiquetant le rideau de douche, mais ma bien-aimée reste dubitative.

— Je ne sais pas, commence-t-elle un soir alors que je vernis mes ongles et les griffes de la Chatte Jadis Appelée Princesse avec du rose pussy, elle a peut-être besoin d'un compagnon de jeu.

— Elle en a déjà deux, fais-je, en nous désignant avec le pinceau minuscule.

— Je voulais dire un frère ou une sœur.

Flash croise les bras et ajoute :

— Je te rappelle que je suis fille unique et que j'ai toujours désiré une sœur ou un frère.

— Je te rappelle que j'avais un frère et que j'ai toujours désiré être fille unique.

Elle hausse les épaules et se retire dans le salon pour regarder *Lifestyles of the Butch and Famous* pendant que j'applique la dernière couche sur les orteils de la Chatte Jadis Appelée Princesse. Mais soudain, dans un déclic, je comprends où se trouve le problème : ce n'est pas notre chaton qui se sent seul, c'est *Flash.* Deux *femmes* dominantes et une *butch* timide, cela donne un foyer déséquilibré. Flash ne peut qu'en convenir.

Le lendemain la Grande Chasse au Chat commence. Je contacte la totalité de mon répertoire et finis par avoir une piste : la co-locataire de la psy de la psy de la co-locataire de Mitzi connaît une lesbienne qui s'appelle Kitty et dont la chatte a des chatons tous les six mois environ. Je lui téléphone immédiatement :

— Avez-vous quelques chatons en réserve ?

— Juste un, répond-elle.

— Nous arrivons !

J'appelle Flash au travail et lui suggère de dire à sa patronne qu'elle a des douleurs au bas-ventre.

— Mais elle sait que je suis ménopausée, proteste Flash, toujours à chercher la petite bête.

Heureusement, sa patronne est aussi ménopausée et sa mémoire lui joue des tours. Flash parvient à s'échapper, me prend au passage et nous voilà parties.

— Entrez donc, dit Kitty. Le chaton est par là.

Elle nous conduit au salon où un petit poil-de-carotte est en train de mettre en pièces un rideau en dentelle.

— Oh ! Regardez-moi ce petit minou ! Ce petit filou ! Ce petit matou ! Ce petit bout de chou ! s'exclame ma solide *butch* les dents serrées, d'une voix soudain suffisamment perchée pour faire éclater mes lentilles de contact.

Le chaton lui répond par un miaulement aussi mielleux.

— Il a découvert son miaou seulement hier, nous informe Kitty. Il a chanté toute la journée.

Flash le prénomme rapidement Nouveau Venu dans le Quartier et lui prouve son amour indestructible en mettant nos vies en danger, et plus précisément en me laissant conduire jusqu'à la maison afin qu'elle puisse câliner le chaton sur ses genoux. Je m'arrête dans notre allée et Flash emmène Nouveau Venu dans le Quartier à l'intérieur pour lui présenter sa sœur. Je redoute que la Chatte Jadis Appelée Princesse ne souffle, ne griffe, ne morde, mais au contraire elle est folle d'excitation. Elle saute de joie dans les airs, se rue vers son petit frère puis se précipite dans la chambre. Il se lance à sa poursuite et une minute plus tard, les deux chatons nous rejoignent en courant dans la cuisine, avec cette fois Nouveau Venu dans le Quartier en tête. Ils se déplacent bruyamment dans l'appartement pendant des heures, en sautant, bondissant, caracolant, dansant et en exécutant des triples saltos piqués qui feraient la fierté de Tonya Harding.

Flash et moi sommes tellement amoureuses de nos chatons que nos amis sont inquiets à notre sujet. Flash se met à mi-temps afin de profiter de nos bébés à la maison. J'annule une tournée littéraire dans quinze villes parce que je ne supporte pas l'idée d'être séparée de mes petits chéris aussi longtemps. Mais nos amis ne savent pas tout. Nous ne faisons plus l'amour depuis des semaines car Flash a peur que cela dérange les enfants.

— Ils pourraient peut-être dormir dans le salon ce soir, dis-je pleine d'espoir.

— Tu as perdu la tête ? rétorque-t-elle, en me jetant un regard furieux.

— Bon alors, éteins la lumière.

— Je ne peux pas, dit-elle. Nouveau Venu dans le Quartier est endormi sur mon bras. Éteins, toi.

— Je ne peux pas me lever. La Chatte Jadis Appelée Princesse dort sur mon ventre.

Je soulève les draps pour lui montrer.

— Oh ! Regardez-moi cette gentille minette ! Cette gentille pépète ! Cette gentille poulette ! Cette gentille bichette ! Cette gentille crevette ! s'extasie Flash avec une voix de fausset entre Minnie Mouse et Melanie Griffith.

Soudain, la lumière se fait dans mon esprit :

— Flash, dis-je avec un regard en coin, tu n'aimerais pas des petits tétons tout bons, tout ronds, tout mignons et un gentil clito tout beau et tout petiot ?

— Il y a trop de minous dans ce lit, rugit-elle d'une voix basse, genre Tina Turner chantant *Private Dancer*.

Nous remédions au problème et bientôt tous les minous de la maison sont satisfaits et dorment comme des loirs.

Travaux manuels

Tout est calme sur le front de l'écriture. J'ai donné à Flash un baiser dont elle se souviendra toute la journée et je l'ai expédiée au travail. La Chatte Jadis appelée Princesse et Nouveau Venu dans le Quartier ont fini de déchiqueter mon boa en plumes rose et les mules assorties, avant de s'endormir au soleil. À présent rien ne peut plus m'empêcher d'écrire le Grand Roman Lesbien Américain. Je prends mon Bic et... la sonnerie du téléphone retentit. Passablement ennuyée, je me demande qui cela peut bien être à cette heure indue : il n'est que 9 h 37. J'ai averti tous les gens que je connais de ne pas essayer de me joindre avant midi. Ceci est mon créneau pour l'écriture, nom d'une pipe ! Quel malotru a le culot de m'appeler au beau milieu de mon effervescence littéraire ?

Ma mère évidemment.

— Alors, comment vas-tu ? commence-t-elle.

— Maman, je n'ai pas le temps de te parler, je suis en plein travail.

— Tu as trouvé un travail ? demande-t-elle d'une voix soudain enjouée.

— Non, maman. J'écris.

— Oh, tu écris. (Sa voix s'éteint.) Je croyais que tu avais dit que tu travaillais.

— Oui, c'est vrai, je travaille.
— Oh, tu travailles ? Je croyais que tu écrivais.
— Oui, j'écris.
— Tu écris ? Je croyais que tu travaillais.
— Je trav...

J'interromps ce dialogue digne de Abbott et Costello et l'interroge d'un ton brusque, du genre « Tu-ne-vois-pas-que-je-suis-occupée ? » :

— Maman, qu'est-ce qui se passe ?

— Je t'appelle pour te demander ce que je pourrais offrir à Flash pour *Hanoukka*.

— Maman, je ne sais pas comment te l'annoncer, dis-je ne choisissant pas mes mots, mais Flash n'est pas juive.

— Je sais que Flash n'est pas juive, rétorque ma mère d'un ton sec, du genre « Comme-si-je-pouvais-l'oublier-pourquoi-faut-il-que-tu-tournes-une-nouvelle-fois-le-couteau-dans-la-plaie ? » Je peux toujours lui offrir un cadeau pour *Hanoukka*. Cela ne la gênera pas : un cadeau est un cadeau, non ?

Pour quelqu'un qui n'a parlé à Flash qu'une demi-douzaine de fois dans sa vie, elle semble connaître ma petite amie par cœur.

— Maman, nous ne célébrons pas les fêtes de fin d'année.

Bon, ce n'est pas vrai à 100 %. Pour *Hanoukka*, nous allumons la *menora* et nous jouons au strip *dreidel*, et à Noël, nous mettons dans le lecteur le CD spécial Fêtes Goudous intitulé *O Little Town of Lesbianville* et nous passons quelques heures sous le gui. Mais je ne crois pas que ce soit une chose à dire à ma mère.

— Bon, continue-t-elle, j'avais pensé lui acheter un joli chemisier.

— Maman, elle ne met pas de chemisiers. Elle met des...

— Ou bien alors une jolie jupe. Elles se portent juste au-dessous du genou cette année. Qu'en penses-tu ?

— À mon avis, les vêtements, ce n'est pas une bonne idée.

— Des bijoux alors ? Pourquoi pas un joli collier ?

Qu'est-ce qu'elle a à mettre du « joli » partout ? Flash n'a même pas une jolie petite amie. Je suis sûre qu'elle ne trouvera aucun intérêt à un joli collier, puisqu'il va jurer avec l'hideux pendentif qu'elle a autour du cou depuis vingt-cinq ans : un labrys de 8 cm qu'elle n'enlève jamais sauf pour aiguiser ses couteaux à la pleine lune.

— Les bijoux non plus, maman.

— Alors, de quoi a-t-elle besoin ?

La vérité m'échappe, tant j'ai hâte que cette conversation s'achève :

— De l'argent.

— De l'argent ?

Elle semble perplexe, comme si elle n'avait jamais entendu parler de cette chose.

— Oui, de l'argent. Tu sais : du fric, de l'oseille, du pognon, du blé, du pèze, du flouze, des ronds, des radis…

— Je ne peux pas envoyer de l'argent à Flash !

L'idée même semble la choquer.

— C'est si *impersonnel.*

— Maman, tu m'envoies de l'argent tous les ans.

— Toi, c'est différent.

Elle réfléchit une minute.

— Je sais. Je t'envoie un chèque et tu lui achètes quelque chose de ma part. Tu sais ce qu'elle aime.

Et ça, c'est personnel, peut-être ?

— Je n'ai pas le temps de faire *ton* shopping pour les fêtes, maman. Je dois me remettre au travail.

— Tu as trouvé un travail ?

— Maman !

— D'accord, d'accord. Écoute, penses-y et rappelle-moi. Et n'en parle pas à Flash. Je voudrais que ce soit une surprise.

Je raccroche et téléphone à Flash dans la foulée.

— Flash, ma mère veut t'offrir un cadeau pour *Hanoukka.*

Elle est abasourdie.

— Tu ne lui a toujours pas dis que je n'étais pas juive ?

— Mais si, je le lui ai dit. Elle veut quand même t'offrir un cadeau pour *Hanoukka*.

— Alors, c'est bon. Ça ne me gêne pas. Un cadeau est un cadeau, non ?

— Bon, qu'est-ce que tu veux ?

— De l'argent.

— J'ai déjà essayé. Elle ne veut pas t'envoyer d'argent.

— Mais elle t'en envoie toujours à toi.

Elle ajoute d'une voix plaintive :

— Elle te préfère depuis le début !

— Réfléchis à la question et donne-moi une réponse pour que je puisse informer ma mère.

Je raccroche et attrape mon Bic. Mais au lieu de retourner au chapitre XII de *Ma Fille, cette lesbienne*, mon esprit est à présent concentré sur les vacances de fin d'année. J'ignore ce que je pourrais suggérer à ma mère comme cadeau pour Flash. Il est toujours difficile de faire des suggestions pour ma bien-aimée. Si ma mère avait demandé ce que moi je voulais pour *Hanoukka*, je lui aurais donné une liste plus longue que le bras de RuPaul: n'importe quoi, pourvu qu'il y ait des pierres brillantes, des rubis, des diamants, des émeraudes, des améthystes, des opales ou des perles de culture. N'importe quoi pourvu que ce soit fabriqué avec de la soie, du satin, du cachemire, du mohair, du taffetas, du tulle ou de la dentelle. Flash, d'un autre côté, serait contente de recevoir n'importe quoi pourvu que ce soit tenu par des clous, des vis, des écrous, des boulons, de la colle ou du chatterton. N'importe quoi pourvu que ce soit fabriqué avec du bois, du métal, du plastique, de la fibre de verre, du contre-plaqué, du lambris, ou du vinyle.

Comment pourrais-je expliquer à ma mère que la façon de plaire à une *butch* passe par la trousse à outils? En réalité, aussi incroyable que cela paraisse, ma mère serait capable de comprendre cela. Selon un proverbe anglais, la nécessité est mère d'invention. Et ma mère a trouvé nécessaire d'inventer des façons de garder la maison en état, car elle a épousé un homme qui joue à longueur de journées avec son unique outil long de 15 cm : un couteau à beurre.

Comme elle pense qu'il n'y a rien de mieux qu'un bon vieil outil, elle a passé des dizaines d'années à remplir les tiroirs de la cuisine avec des marteaux, des tournevis, des clés, des pinces, des pinceaux, du papier à poncer et des équerres. Ma mère est connue dans le quartier comme Mme Répare ou Tais-toi. Je me souviens d'un après-midi estival pendant mon enfance : le petit Binky Shmendrick s'était coincé le pied entre le cadre et la pédale de son vélo. Mme Shmendrick avait appelé les pompiers mais avant que leur camion n'ait eu le temps de quitter la caserne, ma mère avait démonté la bicyclette de Binky, l'avait remontée puis avait hissé le siège de 5 cm, ce que Binky réclamait depuis des années à son père.

Maintenant que j'y repense, la dernière fois que Flash et moi avons rendu visite à mes parents, ma mère avait ébloui Flash avec son tournevis électrique. Pendant que mon père et moi avions bousculé les stéréotypes, en portant des tabliers assortis et en fouettant les blancs pour un soufflé, Flash avait aidé ma mère à démonter et à rassembler une bibliothèque entière dont les étagères avaient besoin d'être resserrées.

— Votre femme à des doigts de fée, avait dit Flash, très admirative.

Mon père heureusement avait débranché son sonotone.

Je décroche le téléphone et rappelle ma mère :

— Écoute, je sais quel est le cadeau idéal pour Flash. Un tournevis électrique.

— Un tournevis électrique ?

— Oui, tu sais, comme le tien.

— Mais ce n'est pas un cadeau, ça. Je voulais lui trouver quelque chose de joli, tu sais, par exemple un joli tricot.

Un tricot ? Même moi je ne porte pas de tricots. Soudain je comprends le manège de ma mère. Puisque je ne suis pas devenue la fille dont elle rêvait, elle pense avoir une seconde chance avec Flash.

— Maman, dis-je d'un ton sérieux, tu veux acheter un cadeau qui te fasse plaisir ou un cadeau qui fasse plaisir à Flash ?

Je retiens mon souffle pendant que la question flotte dans les airs et que mon enfance défile devant mes yeux.

— Un tournevis électrique ? s'interroge ma mère à voix haute.

— Elle va adorer. Fais-moi confiance.

Oh oh ! Ce n'est pas la chose à dire. La dernière fois que j'ai prononcé ces trois mots, j'avais quinze ans et je voulais convaincre ma mère de me laisser seule pendant le week-end. Mes parents sont rentrés plus tôt que prévu et m'ont trouvée en compagnie de Binky Shmendrick : nous avions revêtu des robes de soirées de ma mère, nous fumions du chichon dans la pipe de mon père et mangions des sandwiches remplis de Bosco et de Fluffernutter.

Je ne pense plus à cette conversation jusqu'à la semaine suivante quand un paquet destiné à Flash arrive.

— Ça vient de ta mère, dit-elle en déchirant le carton.

Elle s'extasie en découvrant ce que le colis contient.

— Vite, crie-t-elle, j'ai les mains qui me démangent !

— Pas de problème, dis-je, en déboutonnant mon chemisier.

Flash m'ignore complètement et s'attaque avec passion à la table du téléphone. Puis elle explore la maison entière et resserre les bibliothèques, les poignées de porte, les pieds de table, les dossiers de chaise, les meubles de rangement, les étagères.

Des heures plus tard, alors qu'elle a tout passé en revue à l'intérieur, sauf *moi*, je tends le téléphone sans fil à une Flash épuisée :

— Tu ne crois pas que tu devrais appeler ma mère ?

Elle compose le numéro et attend à peine que quelqu'un décroche :

— J'ai tout passé en revue, clame-t-elle, y compris votre fille !

— Flash !

Je tends la main vers l'appareil.

— Du calme ! C'était occupé.

Elle raccroche et me prend dans ses bras.

— C'est toi qui as tout manigancé, n'est-ce pas ? demande-t-elle en me témoignant sa reconnaissance par un baiser.

Juste au moment où je glisse mes doigts sous sa chemise, le téléphone sonne.

— *Bricolus interruptus*, fais-je en prenant le combiné.

C'est ma mère qui veut savoir si Flash apprécie son cadeau.

— Elle s'en sort ?

— Elle s'en sort.

— Très bien, dit-elle. Les femmes sont tout aussi capables d'être habiles de leurs mains.

Tu ne crois pas si bien dire, maman.

Les valeurs présidentielles

Flash et moi sommes dans notre magasin préféré, *Queer Shlock*, lorsque ma bien-aimée relève les yeux de l'abat-jour en forme de grandes lèvres qu'elle est en train d'admirer et s'exclame :

— Eh ! Ce n'est pas Eleanor Roosevelt ?

Je me détache du livre que je suis en train de lire et suis la direction que montre Flash à travers la vitrine. La femme qu'elle désigne ressemble fort à Eleanor, mais comment est-ce possible ? Peut-être est-ce un flashback ? — j'ai pris des acides dans les années soixante mais je n'ai jamais avalé. Ou bien ma vue de quadragénaire me joue des tours. Je plisse les yeux et soudain j'y vois plus clair :

— Ce n'est pas Eleanor, dis-je, c'est Chelsea Clinton.

— Chelsea Clinton !

Nous nous ruons à l'extérieur du magasin et retrouvons la rue où une foule s'est massée.

— C'est vraiment Hillary et Chelsea ?

J'interroge Fouine, qui est notre Brenda Starr local.

— C'est bien elles, en effet.

Fouine est en train d'écrire avec frénésie dans son carnet.

— Elles font une petite visite à l'université locale.

Selon la rumeur, Chelsea s'est inscrite à Goodoo U.

Goodoo University, mon université ? Oh, c'est trop beau pour être vrai.

— Eh ! Qu'est-ce que tu lis ? me demande Fouine, toujours à fouiner.

— Tu as oublié de payer, me rappelle Flash, l'éternelle scout.

— Oups !

Je montre le livre à Fouine.

— *Comment réagiriez-vous si votre papa était homo ?* lit-elle sur la couverture.

— En parlant de papas, dis-je, comment crois-tu que Bill réagirait si sa fille était lesbienne ?

— Pourquoi tu ne lui demandes pas ?

— Bonne idée.

J'écris la lettre le soir même.

« *Cher Monsieur le Président,*

Je fus enchantée d'apercevoir aujourd'hui dans notre petite ville de Lesbianville l'épouse et la fille de notre président. Que c'était excitant de voir la famille présidentielle sans papa, *se promenant dans les rues de notre charmante cité ! Dites-moi, M. le Président, est-ce vrai que vous songeriez à envoyer votre fille sur les terres de Lesbos pour qu'elle y fasse ses études ? Je fonds rien qu'à cette idée. Du calme, Billy Boy, ne vous étranglez pas. Ce n'est pas votre progéniture qui me fait de l'effet. Contrairement aux Lesbiennes Vengeresses, je ne fais pas de prosélytisme. Non, je suis toute chose à la pensée des goudous des services secrets chargées de protéger la Petite Pisseuse. J'adore les dames en uniforme !*

Alors que je me trouvais dans la foule, à trembler comme une feuille, je me suis rendu compte que dans ma hâte de voir la Dame et la Demoiselle, j'avais oublié de payer le livre que je tenais en main, un ouvrage pour enfants intitulé Comment réagiriez-vous si votre papa était homo ?

C'est ce qui a motivé cette lettre, Ô Leader craintif. Je voudrais savoir comment vous réagiriez si votre fille était homo ?

Avant d'être pendue par mes bretelles de soutien-gorge pour avoir révélé la sexualité de l'ado la plus célèbre des Etats-unis, permettez-moi d'abord de vous rassurer, M. Clinton : je ne connais rien des inclinations sexuelles de Chelsea. Elle est restée ici si peu de temps que je ne lui ai rien demandé et qu'elle n'a rien avoué. Mais accordons lui le bénéfice du doute. Disons simplement que Chelsea a la chance d'être une homo heureuse, comme moi. *Quelle serait donc sa vie ?*

La première chose qu'elle entreprend, à la grande joie de tous les garçons homos de la nation, est de se couper les cheveux. Elle est si mignonne avec sa nouvelle coiffure qu'elle rencontre illico la fille de ses rêves. Cette-ci est gentille, tendre, sexy, douce et assez forte pour encaisser le fait que le père de son amie a entériné un projet de loi qui empêche sa propre fille d'être légalement mariée.

Disons que Chelsea et son Amazone — que nous appellerons Babe — s'installent ensemble et décident de fonder une famille. Elles ont recours, non sans mal, à un donneur de sperme. Le petit Tyke naît et tout le monde est content. Pendant un temps. Puis Chelsea perd son travail parce qu'elle est lesbienne — je suis sûre que vous savez, M. le Président, que la loi antidiscrimination n'est pas passée. Chelsea est stressée, la tension monte dans le lit conjugal, et Babe décide d'emmener le petit chez sa mère. Babe décide aussi que Chelsea n'est pas vraiment liée à Tyke et Chelsea porte l'affaire devant les tribunaux.

Malheureusement, le juge déclare que Chelsea est « biologiquement étrangère » à l'enfant et ne lui accorde ni la garde ni un droit de visite. Mais ne vous désespérez pas, Willie. Notre héroïne, brisée par le chagrin, est jeune et ne se laisse pas abattre.

Elle tombe à nouveau amoureuse. Cette fois-ci, elle s'arrange pour qu'il n'y ait pas de bébé dans l'histoire. Doll n'a pas l'instinct maternel.

Chelsea est au septième ciel jusqu'à ce que Doll attrape une maladie mystérieuse. Ses parents la font immédiatement admettre dans un hôpital spécialisé et n'autorisent pas Chelsea au chevet de leur fille chérie. Chelsea porte une nouvelle fois l'affaire devant les tribunaux et le juge déclare une nouvelle fois qu'elle n'est pas un membre de la famille proche. Chelsea est anéantie. Le désespoir la pousse à vouloir entrer dans l'armée, mais tous ces procès et ces tribulations ont été à la une des journaux à scandales. Elle est connue comme le loup blanc. Alors que peut-elle devenir ?

Bon, vous savez ce que je dis toujours : quand vous avez des doutes, offrez-vous les services d'un agent. Chelsea écrit ses mémoires, un livre intitulé Gouine à la Maison Blanche, *qui se vend à un million d'exemplaires. Il est traduit en 47 langues. Il devient un film, une pièce, une comédie musicale, un sitcom. Chelsea est riche et célèbre. Elle est régulièrement invitée sur le plateau de l'émission de Rosie O'Donnell. Mais... Attendez une minute, ce n'est pas la vie de Chelsea que je raconte. C'est la mienne. Dans mes rêves.*

De toute façon, M. Bill, voilà où je veux en venir : le 5 novembre est passé. Et le jour même où les Américains ont décidé que vous alliez gouverner le poulailler encore quatre ans, j'ai eu 41 ans. Alors, même si vous ne m'avez rien demandé, je vais vous dire ce que j'aimerais pour mon anniversaire — il y en aura toujours un autre l'année prochaine : je ne refuserais pas un peu d'argent liquide, car les auteures lesbiennes en ont toujours l'utilité. À part ça, mes souhaits sont les suivants : je veux pouvoir me promener dans la rue en tenant la main de Flash sans avoir peur que ce simple geste d'affection ne m'attire une mâchoire cassée. Je veux que mon mariage soit légalement reconnu. Je veux une assurance maladie. Je veux un droit de visite à l'hôpital. Je veux que mes ami(e)s cessent de redouter de perdre leurs enfants ou leur travail. Je veux que mes ami(e)s qui ont envie de rentrer dans l'armée puissent le faire. En résumé, je veux mes droits civiques. Et je les veux maintenant. Au cas où cela ne vous aurait pas effleuré, Père Présidentiel, je suis aussi la fille de quelqu'un.

Bien à vous pour quatre années de plus.

Lesléa. »

— Alors, Flash, qu'en penses-tu ? fais-je après lui avoir lu la lettre.

— Encore un document à joindre à ton dossier du FBI, rétorque-elle en secouant la tête.

— Tu crois qu'il va me répondre ? dis-je en mettant la lettre sous enveloppe.

— Je crois que tu as plus de chance de recevoir des nouvelles de Eleanor Roosevelt.

— Oh, Flash ! Ne sois pas si pessimiste, dis-je en écrivant l'adresse. Attendons de voir.

C'est vous qui voyez, Bill. Nous, nous attendons toujours.

Chez le même éditeur :

Cécile Bailly

Malice

Victime d'une passion naissante pour la mystérieuse Barbara, Alice, amoureuse, déprimée, coquine, passionnée, jalouse ou drôle, se cherche sous l'œil critique et amusé de ses amis. Plongé dans l'univers enfumé, décalé et voyageur de Cécile Bailly, le lecteur suit les tribulations d'Alice au fil d'une écriture vive et réaliste, sur les chemins de traverses d'un été où les rencontres ébranlent les certitudes.

ISBN : 2-913066-01-1
173 pages
85 FRF – 12,96 €

Émois, et moi

« J'ai fait l'amour avec une fille... »
Le jour où Nadia fait cet aveu à Kodo, leur amitié prend une direction qu'aucune des deux n'avait envisagée. De l'adolescence à l'âge adulte, au gré de l'apprentissage de l'amour, de la sexualité et de la vie, un ambigu chassé-croisé s'installe.
Quelle en sera l'issue?

ISBN :2-913066-04-6
204 pages
89 FRF – 13,57 €

Cécile Dumas

Taille unique

La vie est quelquefois surprenante...
Pour Anita, le chemin semblait bien balisé : un amant prêt à s'engager, un concours à préparer et à la clé, un destin sans surprise. Mais la rencontre avec Michèle, la mère du jeune homme vient fausser la donne.
Les deux femmes vont se découvrir et s'apprécier jusqu'à ce que l'amitié d'Anita cède la place à un sentiment plus troublant. Sera-t-il partagé?

ISBN : 2-913066-06-2
203 pages
89 FRF - 13,57 €

Cy Jung

Cul nu, courts érotiques

Fantasmes, émotions, tendresse...
Que ce soit la visite imprévue d'une voisine ou bien les retrouvailles de deux amies d'enfance, que l'on soit au néolithique ou au XXIe siècle, dans un couvent ou une cabine d'essayage, les mises en scène drôles et coquines se succèdent.
Sam, Céline, Diane, Marinette, Fatou et les autres peuvent alors laisser libre cours à leurs désirs.
Quant à la narratrice, si vous saviez tout ce qu'elle fait !

ISBN : 2-913066-08-9
203 pages
89 FRF – 13,57 €

Hétéro par-çi, homo par le rat

Que se passerait-il si d'un coup de patte maléfique, le destin faisait des homosexuels les maîtres du monde ? Rêvons un peu...

En 2097 Léa à 20 ans. Elle est lesbienne comme toutes les femmes de son temps et mène une existence paisible jusqu'au jour où elle rencontre Louis. Pauvre Léa, obligée de vivre son hétérosexualité en cachette, de se battre contre les idées reçues et la violence hétérophobe... Que va-t-il advenir d'elle, et de Louis ?
Le XXIe siècle saura-t-il faire la place aux amours hétéroclites ?

ISBN : 2-913066-02-X
204 pages
89 FRF – 13,57 €

Once upon a poulette, roman lesbien

Jeanne est une jeune parisienne de 22 ans qui conduit son bus avec nettement plus de talent que sa vie amoureuse : quand un slow dérape jusqu'à l'étreinte impudique, tout est simple mais lorsqu'elle découvre que la troublante Zoé n'habite pas à l'adresse indiquée, l'histoire se complique.
Plongé dans l'univers baroque, ludique et déjanté de ces deux jeunes femmes le lecteur vit leur histoire heure par heure sans qu'aucune prise de tête ni partie de fesse à fesse ne lui soit épargné.

ISBN : 2-913066-00-3
205 pages

89 FRF – 13,57 €

Es ist eine Poulette, roman lesbien

Jeanne et Zoé se sont rencontrées dans des circonstances qui auraient pu leur être fatales. Aujourd'hui, elles mènent leur petit bonhomme de chemin au milieu de leur famille adoptive : une bande de filles délurées en quête d'une chérie pour la vie. Mais l'amour est décidément chose bien complexe. Le désir et les sentiments de nos deux tourterelles résisteront-ils à l'usure du temps ? Et si on leur faisait confiance...

ISBN :2-913066-05-4
223 pages
99 FRF – 15,09 €

Elisa Verfloede

Latence

Présente-moi la femme à tes côtes, je te dirai qui tu es !
De Paris à New York, dans les bars, dans les soirées ou par Minitel, l'héroïne enchaîne les rencontres pour une heure, une nuit, ou plus…
Sophie, Mary, Eléonore… autant de femmes que devisages, de corps dans cette course effrénée à la poursuite du bonheur.

ISBN :2-913066-03-8
182 pages
87 FRF – 13,26 €

Achevé d'imprimer sur les presses de l'Imprimerie France Quercy
113, rue André Breton, 46001 Cahors
d'après montages et gravure numériques (Computer To Plate)
Dépôt légal : mai 2001 - Numéro d'impression : 11153